DIESES BUCH GEHÖRT:

_____

© 2025 Sandra Cichon
Alle Rechte vorbehalten
Herausgeber: RBM Publishing
Autor: Sandra Cichon
Umschlaggestaltung und Buchsatz:
Daniela Patricia Brenner von deincoverdesign
Lektorat: Janna Block
Kontakt: Belinda Derflinger, Auergütlweg 10,
4030 Linz, rbm.publishing@gmx.at
ISBN: 978-3-903505-89-6 (Taschenbuch)
        978-3-903505-90-2 (Hardcover)
Das Werk, einschließlich seiner Teile, ist urheberrechtlich geschützt. Jede Verwendung ist ohne Zustimmung des Herausgebers unzulässig. Dies gilt insbesondere für die elektronische oder sonstige Vervielfältigung, Übersetzung, Verbreitung und öffentliche Zugänglichmachung.

INHALTSVERZEICHNIS

LOS GEHT DIE WISSENSREISE! 5

NATUR 6

TIERE AUS ALLER WELT 7

ERSTAUNLICHE PFLANZEN 34

LEBENSRÄUME 43

WETTER UND KLIMA 52

DER MENSCHLICHE KÖRPER 59

WISSENSCHAFT UND TECHNIK 66

UNSER SONNENSYSTEM UND DIE PLANETEN 66

FASZINIERENDE ERFINDUNGEN 73

GRUNDBEGRIFFE DER PHYSIK UND CHEMIE 78

ROBOTER UND KÜNSTLICHE INTELLIGENZ 84

TECHNIK IM ALLTAG: WIE FUNKTIONIERT DAS? 85

GESCHICHTE 88

ALTE ZIVILISATIONEN — 88

ENTDECKER UND IHRE REISEN — 94

DINOSAURIER UND DIE URZEIT — 99

KONTINENTE UND LÄNDER — 103

OZEANE UND FLÜSSE — 105

UMWELT UND NACHHALTIGKEIT — 106

KULTUR UND GESELLSCHAFT 109

WELTKULTUREN — 109

MYTHEN UND LEGENDEN — 113

BERUFE — 115

BERÜHMTE KÜNSTLER UND IHRE KUNSTWERKE — 120

MUSIKINSTRUMENTE AUS ALLER WELT — 122

MUSIKSTILE AUS ALLER WELT — 125

DAS ENDE? 127

LOS GEHT DIE WISSENSREISE!

Hey du!

Bist du bereit, mit uns die Welt zu entdecken? Dieses Buch nimmt dich mit auf eine unglaubliche Reise durch die spannendsten Dinge, die unsere Erde und das Universum zu bieten haben!

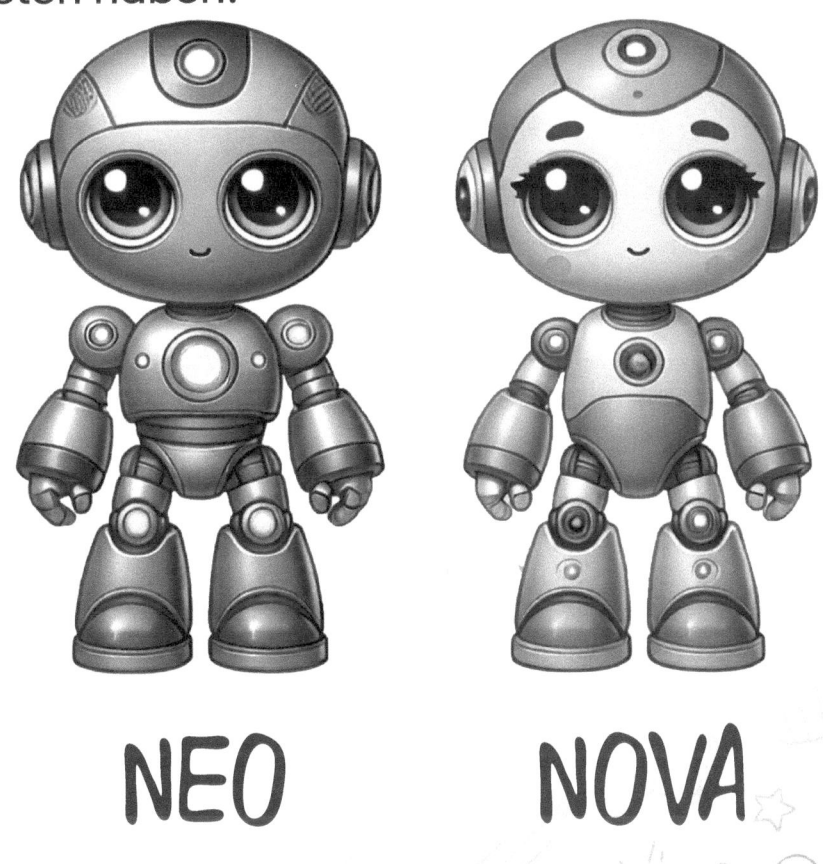

NEO   NOVA

Hast du dich schon mal gefragt, welches das schnellste Tier der Welt ist oder wie das Internet eigentlich funktioniert? Oder vielleicht möchtest du wissen, wie weit die Sterne von uns entfernt sind, oder welche Tiere in den tiefsten Ozeanen leben? Hier wirst du Antworten auf all diese Fragen finden – und noch viel mehr!

In jedem Kapitel warten Abenteuer auf dich: Wir treffen wilde Tiere, reisen durch das Sonnensystem, tauchen tief in die Ozeane hinab und entdecken alte Zivilisationen. Du wirst lernen, wie dein eigener Körper funktioniert, wie Erfinder die Welt verändert haben und was du tun kannst, um die Umwelt zu schützen.

Also, schnapp dir deine Entdeckerlupe, setz deinen Abenteuerhut auf und lass uns gemeinsam die Geheimnisse dieser Welt lüften! Bereit? Dann geht's los!

NATUR

TIERE AUS ALLER WELT

Begib dich auf eine spannende Reise zu den faszinierendsten Tieren unseres Planeten! Von den majestätischen Löwen in der afrikanischen Savanne bis zu den bunten Fischen im Korallenriff – die Tierwelt ist voller Überraschungen. Entdecke, welche unglaublichen Fähigkeiten und besonderen Merkmale die Tiere haben, die in verschiedenen Lebensräumen rund um die Erde leben!

SÄUGETIERE

In nur 10 Minuten nehmen wir dich mit in die faszinierende Welt der Säugetiere – voller überraschender Fakten, die du bestimmt noch nie gehört hast!

WARUM HEISSEN SÄUGETIERE EIGENTLICH SÄUGETIERE?

Bei Säugetieren werden die Jungen von der Mutter mit Milch gesäugt. Dies gilt für alle Säugetiere. Deswegen gehören wir, die Menschen, auch zu den Säugetieren. Wusstest du, dass alle Säugetiere ein Fell haben? Ja, sogar Delfine und Wale! Bei manchen ist das Fell kaum sichtbar, bei anderen ist es dicht und lang.

Stell dir vor, du würdest bei Hitze oder Kälte draußen ohne Kleidung herumlaufen. Das Fell schützt die Tiere vor Wettereinflüssen und Verletzungen.

UNGLAUBLICH, ABER WAHR!

Was glaubst du, welches das größte Säugetier der Welt ist? Der **Blauwal** ist nicht nur das größte Säugetier, sondern das größte Tier, das je auf der Erde gelebt hat. Er kann bis zu 30 Meter lang werden und über 150 Tonnen wiegen.

Wusstest du, dass Säugetiere Warmblüter sind? Sie können ihre Körpertemperatur

unabhängig von ihrer Umgebung konstant halten.
Das hat den Vorteil, dass Säugetiere in verschiedenen Klimazonen leben können, von der heißen Wüste bis zur eisigen Arktis.

DAS SCHNELLSTE LANDTIER DER WELT!

Der **Gepard** kann mit einer Geschwindigkeit von bis zu 130 Kilometer pro Stunde rennen, aber nur über eine kurze Distanz.

Es schläft kopfüber und ist nachtaktiv. Außerdem orientiert es sich, indem es hochfrequente Laute aussendet und auf das Echo, welches von Objekten oder anderen Tieren zurückkommt, hört. Hast du eine Idee?

Es ist die Fledermaus.

SCHLAU, SCHLAUER, AM SCHLAUSTEN

Hättest du gedacht, dass **Elefanten** ein erstaunliches Gedächtnis haben? Sie können sich über Jahrzehnte hinweg an Orte und andere Tiere erinnern.

Intelligenz ist eine besondere Eigenschaft vieler Säugetiere.

Ein weiteres sehr intelligentes und soziales Säugetier ist der **Delfin**. Sie leben in Gruppen und kommunizieren miteinander durch Klick- und Pfeiflaute.

Das klingt verrückt, aber Delfine zeigen sogar Anzeichen von Selbstbewusstsein. Sie können sich z.B. im Spiegel erkennen.

DAS HAST DU BESTIMMT NOCH NIE GEHÖRT:

Während die meisten Säugetiere lebende Jungen gebären, gibt es zwei Ausnahmen: das **Schnabeltier** und der **Ameisenigel**. Sie legen Eier.

VÖGEL

> Jetzt darfst du 10 Minuten mit uns durch die Lüfte fliegen und die interessante Welt der Vögel kennenlernen!

WAS MACHT EINEN VOGEL ZU EINEM VOGEL?

Vögel sind Tiere, die sich durch Federn, Flügel und Schnäbel auszeichnen. Sie legen Eier, aus denen nach der Brutzeit die Küken schlüpfen und das Nest verlassen. Die meisten Vögel können fliegen. Die meisten? Also nicht alle?

Er kann hervorragend schwimmen. Seine Flügel sind wie Flossen geformt. Er kann mit einer Geschwindigkeit von bis zu 60 Kilometer pro Stunde durchs Wasser gleiten. Die meisten seiner Art leben in der Antarktis. Na, weißt du es?

Es ist der Pinguin.

Weitere Vogelarten, die nicht fliegen können: **Strauße** und **Kiwis** (kleine nachtaktive Vögel aus Neuseeland).

WEISST DU, WAS BESONDERS SPANNEND IST?

Die Knochen von Vögeln sind hohl und leicht, das erleichtert ihnen das Fliegen.

HIER EIN PAAR GANZ BESONDERE VÖGEL:

Der **Wanderfalke** ist der schnellste Vogel. Unglaublich, aber wahr! Im Sturzflug kann er eine Geschwindigkeit von über 300 Kilometer pro Stunde erreichen!

Albatrosse können tagelang über den Ozean gleiten, ohne ihre Flügel zu schlagen. Ein sehr lässiger Vogel!

**Kolibris** können auf der Stelle und sogar rückwärts fliegen. Sie sind die kleinsten Vögel der Welt.

Strauße sind die größten und schwersten Vögel und leben in Afrika. Sie können nicht fliegen, dafür sind sie schnell und können in einer Stunde bis zu 70 km weit rennen.

Manche Vögel sind erstaunlich intelligent. Krähen können Werkzeuge benutzen. **Papageien** haben die Fähigkeit Wörter zu lernen und sich Gesichter zu merken.

DER RUF DER VÖGEL

Vogelgezwitscher klingt nicht nur schön, sondern hat auch eine ganz bestimmte Bedeutung. Je nachdem, was der Vogel gerade ausdrücken möchte. Sie kommunizieren über ihre Gesänge, um Reviere zu markieren, Partner anzulocken oder andere Vögel zu warnen.
Jede Art hat ihre eigenen Gesänge und Rufe. Ähnlich, wie wir verschiedene Sprachen haben.

 Weltweit gibt es über 10.000 Vogelarten!

Wusstest du, dass Zugvögel auf ihren jährlichen Wanderungen tausende Kilometer zurücklegen, um in wärmere Gebiete zu ziehen? Störche fliegen im Winter von Europa nach Afrika.

FISCHE

> Fische sind langweilig? Nach dieser 10-minütigen Wissensreise in die faszinierende Unterwasserwelt wirst du das garantiert anders sehen!

WAS MACHT FISCHE SO BESONDERS?

Fische leben ihr ganzes Leben unter Wasser. Sie atmen mit Kiemen, die Sauerstoff aus dem Wasser filtern. Außerdem haben sie Schuppen auf der Haut, die ihren Körper schützen. Mithilfe ihrer Flossen bewegen sie sich durch das Wasser.

Wusstest du, dass Fische die ältesten Lebewesen der Erde sind? Sie leben seit hundert Millionen Jahren in den Ozeanen, Flüssen und Seen.

Kannst du dir das vorstellen?
Wenn du bis 100 Millionen zählen würdest, ohne Pause, Tag und Nacht und jede Sekunde eine Zahl nennst, bräuchtest du drei Jahre!

Es gibt über 33.000 verschiedene Fischarten.

Der größte Fisch ist der **Walhai.** Er kann bis zu 12 Meter lang werden!

WO LEBEN FISCHE?

Es gibt Süßwasserfische, die in Seen und Flüssen leben, und Salzwasserfische, die im Meer leben.

Hättest du gedacht, dass es Fische gibt, die in beiden Gewässern leben können? Der **Lachs** zum Beispiel lebt im Meer und kommt zum Laichen (Eierlegen) in den Fluss zurück.

WEISST DU, WAS BESONDERS SPANNEND IST?

Einige Fische leuchten im Dunkeln! Tief im Ozean, wo es ganz dunkel ist, gibt es Fische, die selbst leuchten können. Fische, wie der Anglerfisch, nutzen dieses Leuchten, um ihre Beute anzulocken.

Fische können miteinander „reden"! Einige Fische kommunizieren durch Geräusche, indem sie z.B. mit ihren Schwimmblasen Klicklaute erzeugen.

Der **Piranha** hat einen schlechten Ruf! Viele glauben, dass Piranhas gefährlich sind. Doch wusstest du, dass die meisten Piranhas lieber Früchte und Samen fressen? Die berühmten fleischfressenden Piranhas kommen nur selten vor.

Manche Fische ändern ihr Geschlecht! Einige Fische, wie der Clownfisch, können ihr Geschlecht im Laufe ihres Lebens ändern.

BERÜHMTE FISCHE: KENNST DU SIE?

Der **Clownfisch** ist ein kleiner rot-weiß gestreifter Fisch, der in Korallenriffen lebt. Jeder kennt ihn seit dem Film „Findet Nemo". Der Clownfisch lebt in Symbiose* mit der giftigen Anemone, die ihn beschützt.

> ***Erklärung**: Man spricht von einer Symbiose, wenn zwei Lebewesen zusammenleben und sich helfen, damit es ihnen besser geht. Sie arbeiten zusammen, wie ein Team.

Haie sind faszinierend und gehören zu den ältesten Tieren der Welt. Es gibt 400 verschiedene Haiarten. Der weiße Hai ist wohl der bekannteste und gefürchtetste Meeresbewohner! Zum Glück sind die meisten Haie für Menschen aber absolut ungefährlich.

Der **Goldfisch** ist ein süßer, kleiner Zierfisch, der oft in Aquarien gehalten wird.
Wusstest du, dass ein Goldfisch in Freiheit bis zu 40 Jahre alt werden kann?

Er hat eine lange Nase, die den Namen einer Waffe trägt. Er ist sehr schnell und kann bis zu 100 Kilometer in einer Stunde schwimmen. Fast so schnell wie ein Auto auf der Autobahn!

Der Schwertfisch

!!! !!!
WICHTIGE INFO!
!!!

Leider sind viele Fischarten durch Überfischung, Verschmutzung und den Klimawandel bedroht. Deswegen ist es wichtig, dass wir auf unsere Ozeane und Flüsse aufpassen.

REPTILIEN

> In den nächsten 10 Minuten nehmen wir dich mit auf eine spannende Reise in die faszinierende und manchmal auch ein bisschen unheimliche Welt der Reptilien.

WAS SIND REPTILIEN?

Reptilien sind eine Tiergruppe, zu der Schlangen, Eidechsen, Schildkröten, Krokodile und noch viele andere Tiere gehören. Das Besondere an ihnen ist ihre trockene, schuppige Haut, die ihnen hilft, Feuchtigkeit zu speichern und sie vor der Sonne schützt.

Wusstest du, dass Reptilien Kaltblüter sind? Das bedeutet, dass sie ihre Körpertemperatur nicht selbst regulieren können. Sie passen sich an die Umgebung an. Deshalb sieht man Reptilien oft in der Sonne liegen. Dabei nehmen sie die Wärme auf, um aktiv und schnell zu sein.

DIE VERSCHIEDENEN REPTILIENARTEN

Schlangen haben keine Beine, gleiten aber geschickt über den Boden. Außerdem haben sie einen außergewöhnlichen Sinn: Sie können mit ihrer Zunge die Luft „schmecken", um ihre Beute zu finden. Sie spüren Vibrationen über dem Boden und wissen so, ob sich Feinde oder Beute nähern.

Schätze mal: Wie lang kann die längste Schlange der Welt, die Netzpython, werden?

???

Lösung: Bis zu 10 Meter. Die längste dokumentierte Netzpython war stolze 10,7 Meter lang!

Eidechsen gibt es in vielen verschiedenen Größen und Formen. Manche sind winzig klein, während andere, wie der **Komodowaran**, über 3 Meter groß werden können.

Die wohl coolste Eigenschaft von Eidechsen ist ihre Tarnung. Sie sind wahre Meister darin.

Das **Chamäleon** kann sogar seine Farbe wechseln! Außerdem hat es Augen, die sich unabhängig voneinander bewegen können. Das sieht lustig aus! Es kann also gleichzeitig nach vorne und nach hinten schauen. Wie praktisch!

Schildkröten sind bekannt für ihre harten Panzer, die sie vor Feinden schützen. Es gibt Land- und Wasserschildkröten. Die größten Schildkrötenarten sind die Galápagos-Riesenschildkröte und die Aldabra-Riesenschildkröte.

UNGLAUBLICH, ABER WAHR!

Die **Galápagos-Riesenschildkröte** kann bis zu 400 Kilogramm wiegen!

Hättest du gedacht, dass manche **Meeresschildkröten** weite Strecken schwimmen, um an den Ort zurückzukehren, an dem sie geschlüpft sind, um dort ihre eigenen Eier zu legen?

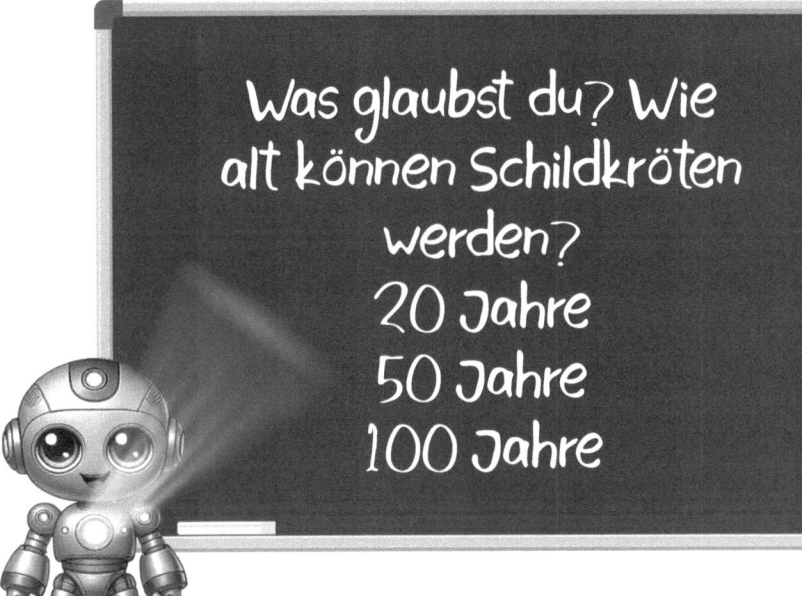

Was glaubst du? Wie alt können Schildkröten werden?
20 Jahre
50 Jahre
100 Jahre

Lösung: 100 Jahre. Es gibt Berichte von Schildkröten, die sogar über 150 Jahre alt geworden sind!

Krokodile und ihre Verwandten, die Alligatoren, gehören zu den größten Reptilien. Sie leben in Flüssen, Seen und Sümpfen.
Trotz ihrer Größe können sie sich ganz leise bewegen und blitzschnell zuschlagen.

Wusstest du, dass Krokodile so lange unter Wasser bleiben können, weil sie bis zu einer Stunde nicht atmen müssen?

AMPHIBIEN

WAS SIND AMPHIBIEN?

„Amphibien" bedeutet doppellebig, weil diese Tiere oft sowohl im Wasser als auch an Land leben können. Zu den Amphibien gehören Frösche, Kröten, Molche und Salamander.

Wie Reptilien sind auch Amphibien Kaltblüter und passen ihre Körperwärme der Umgebung an. Sie haben eine besondere, glatte und dünne Haut, die sie atmen lässt. Sie müssen immer aufpassen, dass ihre Haut nicht austrocknet!

Hast du schon mal von „Metamorphose" gehört? Amphibien durchlaufen in ihrem Leben eine spannende Veränderung. Sie beginnen ihr Leben im Wasser als Larven (z. B. als Kaulquappen). Zuerst haben sie Kiemen und schwimmen wie kleine Fische umher. Nach der Metamorphose entwickeln sie Lungen und Beine, sodass sie auch an Land leben und atmen können.

VERSCHIEDENE AMPHIBIENARTEN

Was ist eigentlich der Unterschied zwischen Fröschen und Kröten? Frösche haben meist glatte, feuchte Haut und leben oft in der Nähe von Wasser. Kröten haben dagegen eher trockene, warzige Haut und verbringen mehr Zeit an Land.

Molche und Salamander sehen aus wie kleine Echsen, gehören aber zu den Amphibien.

UNGLAUBLICH, ABER WAHR!

Salamander können ihren Schwanz und ihre Beine nachwachsen lassen, wenn sie verletzt werden!
Na, das nenne ich mal eine Superkraft!

DAS HAST DU BESTIMMT NOCH NIE GEHÖRT!

Frösche trinken nicht mit dem Mund! Sie nehmen das Wasser über ihre Haut auf. Das funktioniert wie ein Schwamm, der das Wasser einsaugt.

Amphibien sind echte Sänger!
Manche Frösche können so laut quaken, dass man sie kilometerweit hört.

Achtung, giftig!
Der **Pfeilgiftfrosch** gehört zu den giftigsten Tieren der Welt. Sein Gift ist so stark, dass es sogar größere Tiere oder Menschen töten kann. Der goldene Pfeilgiftfrosch trägt genug Gift in seiner Haut, um zehn erwachsene Menschen zu töten. Das Gift wirkt auf das Nervensystem und kann zu Lähmungen und Herzstillstand führen.

INSEKTEN

WAS FLIEGT, KRABBELT, SUMMT DENN DA?

Willkommen in der Welt der Insekten. Sie sind überall um uns herum und obwohl sie so klein sind, haben sie eine große Bedeutung für die Natur und unser Leben.

Insekten zeichnen sich durch sechs Beine, einen dreigeteilten Körper (Kopf, Brust, Hinterleib) und oft auch Flügel aus. Anders als wir Menschen, haben sie keine Knochen, sondern eine harte Außenhaut.

Wusstest du, dass es mehr unterschiedliche Arten von Insekten gibt als von allen anderen Tieren zusammen? Zu den bekanntesten gehören z. B. Bienen, Ameisen, Schmetterlinge, Käfer und Fliegen.

VERSCHIEDENE INSEKTENARTEN

Bienen sind echte Superhelden! Sie fliegen von Blume zu Blume und sammeln Nektar und Pollen. Dabei helfen sie den Pflanzen sich zu vermehren, indem sie die Pollen von einer Blüte zur anderen transportieren. Ohne Bienen gäbe es viel weniger Blumen und Obst.

Rate mal, wie viel Honig eine einzige Honigbiene in ihrem Leben produziert?
einen Teelöffel / ein Glas / 10 Gläser
???

Lösung: Eine einzige Honigbiene produziert in ihrem Leben einen Teelöffel Honig. Für ein ganzes Glas Honig müssen also viele Bienen zusammenarbeiten!

Ameisen leben in großen Kolonien und sind wahre Teamplayer. Jede Ameise hat eine Aufgabe: Einige sammeln Nahrung, andere kümmern sich um die Jungen, und die Ameisenkönigin legt die Eier. Ameisen kommunizieren miteinander, indem sie Duftstoffe hinterlassen, denen andere Ameisen folgen können. So entstehen Ameisenstraßen und jede Ameise weiß, wohin sie laufen muss.

UNGLAUBLICH, ABER WAHR!

Ameisen können das 50-fache ihres Körpergewichtes tragen. Das ist, als ob du einen kleinen Elefanten auf deinem Rücken tragen würdest!

Schmetterlinge sind nicht nur schön anzusehen, sondern sie durchlaufen eine faszinierende Verwandlung. Sie beginnen ihr Leben als Raupen und verwandeln sich in einer schützenden Hülle, der Puppe, zu farbenfrohen Schmetterlingen. Diesen Prozess nennt man Metamorphose (Erklärung auf Seite 24).

Stell dir vor, der größte Schmetterling der Welt, der Atlasfalter, kann eine Flügelspannweite von über 30 Zentimeter haben. So groß wie ein Vogel!

Käfer sind die größte Gruppe unter den Insekten. Sie haben harte Flügeldecken, die ihre empfindlichen Flügel darunter schützen. Es gibt Käfer in allen Größen und Formen, vom winzigen Marienkäfer hin zum großen Goliathkäfer. Dieser kann fast so schwer, wie ein Tennisball werden!

DAS HAST DU BESTIMMT NOCH NIE GEHÖRT!

Termiten bauen riesige Erdhügel, die so groß wie ein Haus werden können. Ihre Bauten haben sogar eine eigene Belüftung, um die Temperatur zu regulieren. (Bild: Termite)

Leuchtkäfer, auch Glühwürmchen genannt, nutzen ein chemisches Licht in ihrem Körper, um in der Dunkelheit zu leuchten. Das nennt man Biolumineszenz. Sie leuchten, um Partner anzulocken oder Feinde zu warnen.

Libellen können mit ihren vier Flügeln unabhängig voneinander fliegen. Sie können vorwärts, rückwärts, seitwärts und sogar auf der Stelle fliegen!

Ohne Insekten, sähe unser Leben ganz anders aus! Sie bestäuben Pflanzen, verbessern den Boden, indem sie Pflanzenreste oder andere organische Materialien abbauen, und sie dienen als Nahrung für andere Tiere.

SPINNENTIERE

ZU WELCHER TIERART GEHÖREN SPINNEN?

Spinnen sind keine Insekten, auch wenn sie eng mit ihnen verwandt sind. Sie gehören zur Klasse der Spinnentiere (Arachnida). Anders als Insekten haben sie acht Beine und einen zweiteiligen Körper (Vorderkörper und Hinterleib).

Es gibt über 48.000 bekannte Spinnenarten. Es wird geschätzt, dass es noch viele unentdeckte Arten gibt.

Wusstest du, dass viele Spinnen Giftklauen besitzen, mit denen sie Beute fangen und lähmen können?

VERSCHIEDENE SPINNENARTEN

Die **Kreuzspinne** ist eine der bekanntesten Spinnenarten. Sie hat ein charakteristisches, kreuzförmiges Muster auf ihrem Hinterleib. Diese

Spinnen spinnen große runde Netze und sind dafür bekannt, sehr geduldig auf Beute zu warten.

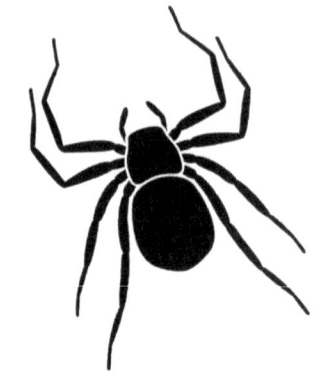

UNGLAUBLICH, ABER WAHR!

Kreuzspinnen können bis zu 3.000 Eier auf einmal legen! Das sind eine Menge kleine Spinnen!

Wolfsspinnen jagen ihre Beute aktiv, anstatt Netze zu spinnen. Sie können schnell laufen und sind sehr gute Jäger.

Weißt du, was besonders spannend ist? Wolfsspinnen tragen ihre Jungen auf dem Rücken, nachdem sie geschlüpft sind. Und zwar so lange, bis sie alt genug sind, um alleine zu leben.

Skorpione sind auch Spinnentiere. Sie sind bekannt für ihren beeindruckenden, langen Schwanz, der mit einem Giftstachel endet. Sie leben in trockenen, warmen Regionen und sind nachtaktiv.

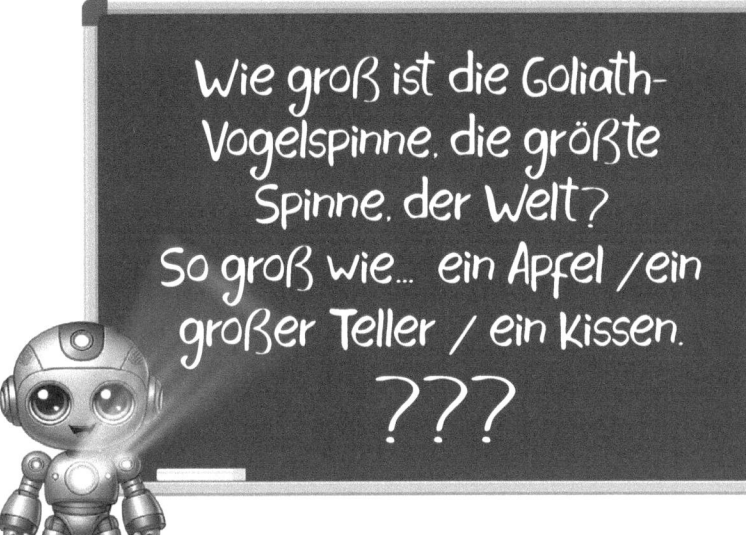

Lösung: So groß wie ein großer Teller! Sie kann eine Körperlänge von bis zu 12 cm und eine Beinspannweite von bis zu 30 cm erreichen, mit einem Körpergewicht von bis zu 170 g. Sie ist in Südamerika zu finden. Sie kann bis zu 25 Jahre alt werden.

DAS HAST DU BESTIMMT NOCH NIE GEHÖRT!

Spinnen haben kein Blut wie wir Menschen. Stattdessen fließt eine Flüssigkeit namens Hämolymphe durch ihren Körper.

Spinnenseide ist stärker als viele Stahlsorten. Viele Spinnen haben mehrere Augen – manche sogar bis zu 8!

ERSTAUNLICHE PFLANZEN

Wusstest du, dass es Pflanzen gibt, die so außergewöhnlich sind, dass sie aus einem Märchen stammen könnten? Pflanzen sind unglaublich vielfältig. Sie wachsen überall auf der Erde, vom tiefsten Dschungel hin zu den trockensten Wüsten. Manche können in der Luft leben, andere ernähren sich von Insekten und einige der weltweit größten Pflanzen können sogar Tausende von Jahren alt werden!
In diesem Kapitel lernst du die erstaunlichsten Pflanzen kennen.

BÄUME – DIE GIGANTEN DER NATUR

Hättest du gedacht, dass ein einzelner großer Baum pro Jahr genug Sauerstoff für etwa vier Menschen produziert? Außerdem filtern Bäume Schadstoffe aus der Luft und tragen so zu einer guten Luftqualität bei.

Im Gegensatz zu Menschen und Tieren wachsen Bäume ihr ganzes Leben lang. Es gibt über 60.000 Baumarten weltweit.

VERSCHIEDENE BAUMARTEN

Die Mammutbäume in Kalifornien sind die Giganten unter den Pflanzen.

Was schätzt du? Wie alt ist der älteste bekannte Mammutbaum?
1.000 Jahre / 2.000 Jahre / 3.000 Jahre
???

Lösung: 3.000 Jahre

UNGLAUBLICH, ABER WAHR!

Sie können bis zu 115 Meter hoch werden. Das entspricht ungefähr der Höhe eines 38-stöckigen Hochhauses! Ihre Stämme sind so dick wie ein kleines Haus.

ABER WORAN ERKENNT MAN DAS ALTER EINES BAUMES?

Anhand der Jahresringe in ihrem Stamm kann man das Alter eines Baumes bestimmen.

Wusstest du, dass es Bäume gibt, die „laufen" können?

Der Wanderbaum wächst in den tropischen Regenwäldern. Sein Name verrät seine Besonderheit. Er kann seine Wurzeln so anpassen, dass er sich bewegen kann. Wenn sich die Umgebung ändert, er z. B. zu wenig Licht bekommt, können die Wurzeln wachsen und ihn in eine andere Richtung „schieben".

Der Banyanbaum ist in Indien, Pakistan und Sri Lanka heimisch. Er ist berühmt für seine Luftwurzeln, die vom Baum herunterhängen. Wenn sie den Boden erreichen, schlagen sie Wurzeln und bilden neue Stämme. Auf diese Weise kann ein einzelner Banyanbaum wie ein ganzer Wald erscheinen! Einige dieser Bäume bedecken Flächen von mehreren Hektar.

Der größte bekannte Banyanbaum in Indien hat eine Krone, die sich über 19.000 Quadratmeter erstreckt! Wow! Das sind fast drei Fußballfelder!

DAS HAST DU BESTIMMT NOCH NIE GEHÖRT!

Wusstest du, dass Bäume miteinander „sprechen" können? Über ihre Wurzeln und ein Netzwerk von Pilzen, das als „Wood Wide Web" bezeichnet wird, tauschen Bäume Nährstoffe aus und senden Warnsignale, wenn sie von Schädlingen befallen sind. Manche Bäume können sogar anderen helfen, indem sie Nährstoffe teilen.

BLUMEN – FASZINIEREND UND EINZIGARTIG

Blumen sind nicht nur schön. Sie bieten auch Lebensraum und Nahrung für viele Tiere, verbessern die Luftqualität und sorgen für ein stabiles Ökosystem*. Viele von ihnen haben heilende Eigenschaften. Kamille, Lavendel und Ringelblume werden seit Jahrhunderten in der Naturmedizin verwendet, um Schmerzen zu lindern, Wunden zu heilen oder den Schlaf zu fördern.

*Ein Ökosystem ist wie eine große, natürliche Gemeinschaft, in der alle Lebewesen – also Pflanzen, Tiere und sogar winzige Organismen – zusammenleben und voneinander abhängig sind. Es ist wie ein Team, in dem jeder eine wichtige Aufgabe hat. Zum Beispiel brauchen Pflanzen Sonne und Wasser zum Wachsen, Tiere fressen Pflanzen oder andere Tiere, und wenn Tiere sterben, werden sie von kleinen Organismen zersetzt, sodass die Nährstoffe wieder in den Boden kommen. So sorgt das Ökosystem dafür, dass alles im Gleichgewicht bleibt!

Du hast mich bestimmt schon oft in der Hand gehalten. Wenn ich blühe, bin ich gelb.

Ich wachse häufig auf Wiesen. Wenn meine Blüten verwelkt sind, trage ich Samen, die wie kleine Schirmchen aussehen und die leicht vom Wind davongetragen werden, damit neue Blumen wachsen können.

Lösung Löwenzahn

VERSCHIEDENE BLUMENARTEN

Hast du schon mal von der stinkenden Riesenblume gehört? Die **Titanwurz** wird umgangssprachlich tatsächlich so genannt, weil sie nach verrottetem Fleisch riecht. So zieht sie Fliegen an, die sie zur Bestäubung braucht.

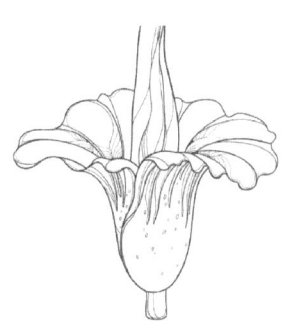

Auch die größte Blume der Welt stinkt nach verrottetem Fleisch, um Fliegen anzulocken. Die **Rafflesia arnoldii**, auch „Leichenblume" genannt, hat die größte Blüte der Welt. Sie kann einen Durchmesser von bis zu einem Meter erreichen und wiegt über 10 Kilogramm!

Die **Auferstehungspflanze** kann vollständig austrocknen und dann durch einen einzigen Regentropfen wieder „zum Leben" erweckt werden. Sie wächst in Wüsten und hat sich an extrem trockene Bedingungen angepasst.

Die kleinste Blume der Welt ist kaum zu erkennen. Die Wasserlinsen sind nur etwa 0,1 Millimeter groß und schwimmen auf der Oberfläche von Teichen.

DAS HAST DU BESTIMMT NOCH NIE GEHÖRT!

Es gibt Blumen (z. B. die Kaffee-Pflanze), die eine geringe Menge Koffein in ihrem Nektar absondern. Das Koffein sorgt dafür, dass die Bienen aufmerksamer sind und schneller wiederkommen.

FLEISCHFRESSENDE PFLANZEN – DIE JÄGER DER PFLANZENWELT

Wusstest du, dass es Pflanzen gibt, die kleine Tiere fangen und fressen können?

Diese erstaunlichen Pflanzen nennt man fleischfressende Pflanzen. Im Gegensatz zu den meisten anderen Pflanzen, die Sonnenlicht und Wasser zum Wachsen brauchen, haben sich diese Pflanzen eine besondere Strategie ausgedacht, um an zusätzliche Nährstoffe zu kommen.

Was fressen fleischfressende Pflanzen am liebsten? ???

Lösung: Sie fangen hauptsächlich Insekten und Spinnen.

LEBENSRAUM

Fleischfressende Pflanzen leben oft an Orten, wo der Boden sehr nährstoffarm ist – zum Beispiel in Sümpfen oder Mooren. Weil der Boden nicht genug Nährstoffe enthält, haben diese Pflanzen einen Weg gefunden, sich selbst zusätzliche „Nahrung" zu beschaffen. Sie sind also ganz besondere Überlebenskünstler!

VERSCHIEDENE ARTEN

Eine der bekanntesten fleischfressenden Pflanzen ist die **Venusfliegenfalle**. Sie sieht aus wie eine grüne Mausefalle mit kleinen Zähnchen. Wenn ein Insekt auf die empfindlichen Härchen in der Falle tritt, schnappt sie blitzschnell zu. Dann beginnt die Pflanze, das gefangene Insekt langsam zu verdauen – fast so, wie dein Magen das Essen verarbeitet!

Der **Sonnentau** ist auch ein Jäger im Pflanzenreich. Er hat kleine Tropfen an seinen Blättern, die wie Wassertropfen aussehen.

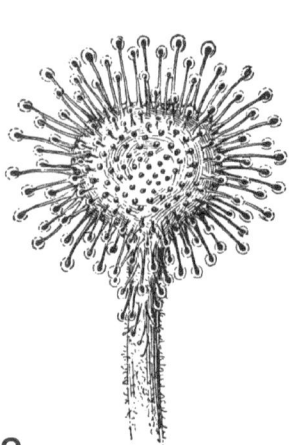

Diese Tropfen sind aber klebrig, und sobald ein Insekt dort landet, bleibt es haften und kann sich nicht mehr befreien. Der Sonnentau rollt dann seine Blätter ein und verdaut seine Beute.

Auch die **Kannenpflanze** macht Jagd auf Insekten. Sie hat große, becherförmige Blätter, die wie Krüge aussehen. Diese Krüge sind mit einer rutschigen Flüssigkeit gefüllt. Wenn ein Insekt hineinkriecht, kann es nicht mehr herausklettern und wird langsam von der Pflanze verdaut.

DAS HAST DU BESTIMMT NOCH NIE GEHÖRT!

Einige größere fleischfressende Pflanzen, wie bestimmte Kannenpflanzen, können sogar kleine Frösche, Schnecken oder winzige Fische fangen.

LEBENSRÄUME

Die Welt ist voller verschiedener Lebensräume, die Tieren und Pflanzen ein Zuhause bieten. Jeder dieser Lebensräume hat seine eigenen besonderen Bedingungen, wie Temperatur, Wasserverfügbarkeit und Vegetation. Von heißen Wüsten bis zu eisigen Polargebieten – die Natur ist unglaublich vielfältig, und in jedem Lebensraum finden sich Lebewesen, die perfekt daran angepasst sind.

Lösung: Vegetation ist ein Begriff für die Pflanzenwelt in einem bestimmten Gebiet. Dazu gehören alle Pflanzen, die dort natürlich wachsen, wie Bäume, Sträucher, Gräser und Blumen.

REGENWALD – DAS GRÜNE PARADIES

Wusstest du, dass der Regenwald mehr Arten von Pflanzen und Tieren beherbergt als jeder andere Lebensraum auf der Erde? Der Regenwald ist einer der faszinierendsten

und vielfältigsten Lebensräume auf der Erde. Hier ist es das ganze Jahr über warm und feucht – ideale Bedingungen für Pflanzen und Tiere. Überall wimmelt es von Leben, und es gibt so viele verschiedene Tierarten, dass immer wieder neue entdeckt werden!
Die Bäume wachsen hoch, um möglichst viel Sonnenlicht zu bekommen.
In den Kronen der Bäume leben Affen, Vögel und farbenfrohe Insekten. Unten am Boden, wo es dunkler und kühler ist, finden sich Schlangen, Frösche und riesige Ameisen.

WEISST DU, WAS BESONDERS SPANNEND IST?

Regenwälder spielen auch für uns Menschen eine sehr wichtige Rolle. Sie produzieren viel Sauerstoff und helfen dabei, das Klima der Erde zu stabilisieren. Leider sind sie bedroht, weil viele Bäume für Holz gefällt und Flächen gerodet werden. Deshalb ist es wichtig, diese „grünen Lungen" der Erde zu schützen.

WÜSTE – DIE HEISSE EINÖDE

Die **Wüste** ist ein Lebensraum, der durch extreme Trockenheit und oft auch hohe Temperaturen geprägt ist.
Wusstest du, dass manchmal über Jahre hinweg kein einziger Regentropfen vom Himmel fällt?

TIERE UND PFLANZEN IN DER WÜSTE

Doch obwohl es so heiß und trocken ist, gibt es erstaunliche Pflanzen und Tiere, die gelernt haben, unter diesen harten Bedingungen zu überleben.

Die berühmtesten Pflanzen der Wüste sind die **Kakteen**. Sie haben dicke, fleischige Stämme, in denen sie Wasser speichern, sodass sie lange Dürreperioden überstehen können. Ihre Stacheln schützen sie vor hungrigen Tieren, die versuchen könnten, das gespeicherte Wasser zu stehlen. Außerdem haben sie oft sehr tiefe Wurzeln, um an das seltene Wasser tief unter der Erde zu gelangen.

Auch die Tiere der Wüste haben sich perfekt angepasst. Kamele sind zum Beispiel dafür bekannt, dass sie lange ohne Wasser auskommen. Ihre Höcker speichern Fett, das sie in Energie umwandeln können, wenn Nahrung oder Wasser knapp wird. Außerdem können sie ihre Körpertemperatur anpassen, um der Hitze zu trotzen.

Viele Wüstentiere, wie der Wüstenfuchs oder der Skorpion, sind nachtaktiv. Das bedeutet, dass sie tagsüber in kühlen Höhlen oder unter Steinen ruhen und erst bei Einbruch der Dunkelheit auf die Jagd gehen, wenn die Temperaturen sinken.

Die Wüste kann aber auch wunderschön sein: Nach einem seltenen Regen verwandelt sich die sonst so karge Landschaft oft in ein buntes Blütenmeer, wenn viele Pflanzen auf einmal zu blühen beginnen.

ARKTIS – DAS LAND AUS SCHNEE UND EIS

Die **Arktis** ist ein faszinierender, eisiger Lebensraum am Nordpol, in dem es extrem kalt ist.

Was glaubst du? Wie kalt kann es hier im Winter werden?
-30 Grad
-40 Grad
-50 Grad

Lösung: Bis zu -50 Grad Celsius

Der Boden ist fast das ganze Jahr über gefroren. Das nennt man Permafrost. Nur im kurzen Sommer schmilzt die oberste Bodenschicht ein wenig, sodass Pflanzen wie Moose und kleine Sträucher wachsen können.

TIERE IN DER ARKTIS

Trotz der Kälte ist die Arktis die Heimat erstaunlicher Tiere, die sich perfekt an dieses raue Klima angepasst haben.

Der **Eisbär** ist wohl das bekannteste Tier der Arktis. Er hat eine dicke Fettschicht und ein dichtes Fell, um sich warmzuhalten. Seine weißen Haare tarnen ihn perfekt im Schnee, sodass er seine Beute, meist **Robben**, unbemerkt jagen kann. Auch die **Polarfüchse** und **Schneeeulen** haben sich mit ihrem dichten, warmen Fell oder Gefieder an die eisigen Temperaturen gewöhnt.

HAST DU DAS GEWUSST?

Ein weiteres spannendes Phänomen in der Arktis ist das Polarnacht- und Polartag-Phänomen. Während des Winters bleibt es hier monatelang dunkel, da die Sonne überhaupt nicht aufgeht. Im Sommer hingegen scheint die Sonne fast rund um die Uhr. Man nennt das die Mitternachtssonne. Trotz ihrer Kälte ist die Arktis ein empfindliches Ökosystem, das stark vom Klimawandel bedroht ist. Wenn das Eis schmilzt, verlieren Tiere wie der Eisbär ihren Lebensraum, und das Gleichgewicht der Natur wird gestört.

MEER – DIE GEHEIMNISVOLLE UNTERWASSERWELT

UNGLAUBLICH, ABER WAHR!

70 % der Erdoberfläche ist von Wasser bedeckt! Das Meer ist somit der größte Lebensraum der Erde und noch immer voller Geheimnisse!
Wusstest du, dass in den Ozeanen unzählige Tiere und Pflanzen leben, von denen viele noch nicht einmal entdeckt wurden?

TIERE UND PFLANZEN IM MEER

Die **Korallenriffe** in tropischen Meeren gehören zu den artenreichsten Ökosystemen der Welt. Sie sind wie bunte Unterwasserstädte, in denen unzählige Fische, Krabben und Meeresschnecken leben. Korallen, die diese Riffe bilden, sind eigentlich winzige Lebewesen, die in Kolonien zusammenleben und harte Kalkstrukturen bauen.

Fische wie der Papageifisch oder der Clownfisch schwimmen durch das Riff, immer auf der Suche nach Nahrung oder Schutz vor Feinden.
Doch nicht nur die bunten, warmen Gewässer sind spannend. Auch in der Tiefsee, wo kein Licht mehr hinreicht, gibt es Lebewesen, die sich perfekt an die Dunkelheit angepasst haben.
Der Anglerfisch zum Beispiel lockt mit einem kleinen Leuchtorgan seine Beute an, während er im Dunkeln lauert.

In der Tiefsee leben auch seltsame Kreaturen wie riesige Tintenfische oder leuchtende **Quallen.**

HAST DU DAS GEWUSST?

Das Meer ist lebenswichtig für das Gleichgewicht auf der Erde. Es reguliert das Klima, produziert Sauerstoff und bietet vielen Menschen Nahrung und Lebensgrundlage. Leider sind die Ozeane durch Verschmutzung, Überfischung und den Klimawandel bedroht, weshalb es wichtig ist, sie zu schützen.

WETTER UND KLIMA

Hast du dich schon mal gefragt, warum es manchmal sonnig ist und an anderen Tagen plötzlich ein Gewitter kommt? Oder wie Schnee entsteht und warum es so stürmt? Über das Wetter gibt es jede Menge spannende Dinge zu entdecken! In diesem Kapitel erfährst du, wie die Natur solche unglaublichen Wetterphänomene zaubert. Los geht's!

WAS IST DER UNTERSCHIED ZWISCHEN WETTER UND KLIMA?

Stell dir vor, du möchtest wissen, ob du heute zum Spielen nach draußen kannst. Dafür schaust du dir das Wetter an. Ob es gerade regnet, die Sonne scheint oder der Wind weht. Das Wetter ändert sich oft sehr schnell, manchmal sogar innerhalb von Minuten! Das Klima hingegen beschreibt, wie das Wetter an einem Ort über viele Jahre hinweg ist. Zum Beispiel ist das Klima in der Wüste heiß und trocken, während es in Regenwäldern warm und feucht ist. Wenn du also wissen willst, wie das Wetter normalerweise in einem bestimmten Teil der Erde ist, schaust du dir das Klima an.

WIE ENTSTEHEN WOLKEN UND REGEN?

Wolken sind wie riesige Schwämme am Himmel, die Wasser aufsaugen! Aber woher kommt das Wasser in den Wolken? Wenn die Sonne auf Flüsse, Seen oder das Meer scheint, verdunstet das Wasser. Es verwandelt sich in unsichtbaren Wasserdampf. Dieser Wasserdampf steigt in die Luft und kühlt sich ab. Dann passiert etwas Magisches: Der Dampf wird wieder zu kleinen Wassertröpfchen, die sich aneinanderhängen und Wolken bilden.

Aber was passiert, wenn die Wolken zu schwer werden? Genau – die Wassertropfen fallen als Regen zurück zur Erde!

WARUM WEHT DER WIND?

Wind ist die unsichtbare Kraft, die die Blätter rascheln lässt und Drachen in den Himmel hebt! Aber warum gibt es Wind?
Es liegt daran, dass die Sonne verschiedene Teile der Erde unterschiedlich erwärmt. Dort, wo es wärmer ist, steigt die Luft nach oben, und kühlere Luft strömt nach, um den Platz zu füllen. Diese Luftbewegung nennen wir Wind.

An manchen Tagen ist der Wind ganz sanft. Und an anderen bläst er so stark, dass du fast vom Fahrrad geweht wirst! Wenn es richtig stürmisch wird, spricht man von einem Sturm. Stürme können so heftig sein, dass sie Bäume umwerfen oder sogar Dächer abdecken.

WIE ENTSTEHT EIN GEWITTER?

Gewitter sind wie Naturfeuerwerke am Himmel! Sie entstehen meistens an warmen Tagen, wenn sich die heiße Luft schnell abkühlt. Die warme Luft steigt nach oben und trifft auf kalte Luftschichten. Diese Begegnung sorgt dafür, dass sich riesige Gewitterwolken bilden. In diesen Wolken passiert etwas Spannendes: Die kleinen Wassertröpfchen reiben sich aneinander und erzeugen elektrische Energie – das führt zu Blitzen! Ein Blitz ist wie ein gigantischer elektrischer Funke, der den Himmel erhellt. Nach dem Blitz hörst du den Donner, das laute Krachen, das durch die blitzschnell erhitzte Luft entsteht. Der Blitz ist immer schneller als der Donner, weil Licht schneller reist als Schall!

WAS IST SCHNEE, UND WIE ENTSTEHEN SCHNEEFLOCKEN?

Wenn es draußen so kalt ist, dass die Wolken gefrieren, passiert etwas Magisches: Aus den winzigen Wassertröpfchen werden Eiskristalle, die dann als **Schneeflocken** zur Erde fallen. Jede Schneeflocke sieht anders aus. Sie sind alle einzigartig, genau wie du! Wenn es richtig viel schneit, kannst du Schlitten fahren, Schneemänner bauen und Schneeengel machen.

WARUM GIBT ES NEBEL?

Nebel ist wie eine Wolke, die so tief hängt, dass sie direkt auf der Erde schwebt! Er entsteht, wenn warme, feuchte Luft auf eine kalte Fläche trifft, etwa Beispiel frühmorgens, wenn die Luft über Nacht abgekühlt ist. Die Feuchtigkeit in der Luft wird zu kleinen Tröpfchen. Und plötzlich sieht es so aus, als wäre die ganze Welt in Watte gehüllt! Manchmal kannst du nur ein paar Meter weit sehen!

WIE ENTSTEHEN TORNADOS?

Tornados sind wie riesige Luftwirbel, die auf der Erde tanzen. Aber Vorsicht, sie können gefährlich sein! Ein Tornado entsteht, wenn heiße Luft auf kalte, trockene Luft trifft und sie sich in einer Spirale zu drehen beginnt. Das Ganze sieht aus wie ein trichterförmiger Wirbel, der alles auf seinem Weg mitreißen kann, vom Staub bis zu großen Bäumen. Tornados sind selten, aber in manchen Teilen der Welt, wie in den USA, kommen sie häufiger vor.

WAS IST EIN HURRIKAN?

Hurrikane sind gigantische Wirbelstürme, die über warmem Meerwasser entstehen. Sie drehen sich wie riesige Kreisel und bringen heftige Regenfälle, starke Winde und hohe Wellen mit sich. Hurrikane sind so mächtig, dass sie ganze Städte unter Wasser setzen oder Häuser zerstören können. In anderen Teilen der Welt nennt man sie übrigens Taifune oder Zyklone, je nachdem, wo sie auftreten. Zum Glück gibt es Wettervorhersagen, die uns warnen, wenn ein Hurrikan kommt, sodass sich die Menschen in Sicherheit bringen können.

WARUM ÄNDERT SICH DAS WETTER STÄNDIG?

Das **Wetter** ist wie ein ständiges Wechselspiel zwischen Sonne, Luft und Wasser. Die Erde dreht sich, und die Sonne scheint unterschiedlich stark auf verschiedene Teile der Erde. Dazu kommen die Bewegungen der Luftmassen und des Wassers. Manchmal bringt der Wind warme Luft aus dem Süden, manchmal kalte Luft aus dem Norden. Diese ständigen Bewegungen sorgen dafür, dass das Wetter sich immer wieder ändert – mal Sonne, mal Regen, mal Schnee!

WETTER-QUIZ:

1. Was entsteht, wenn Wasser verdunstet und sich in der Höhe wieder abkühlt?
   Wolken
2. Was fällt vom Himmel, wenn die Wolken zu schwer werden?
   Regen
3. Was entsteht durch die Erwärmung der Erde?
   Wind
4. Was passiert, wenn heiße und kalte Luft sich mischen?
   Gewitter
5. Was entsteht, wenn die Luft kalt genug ist, dass die Wassertropfen gefrieren?
   Schnee
6. Wie nennt man rotierende Luftwirbel, die viel Zerstörung anrichten können?
   Tornado
7. Wie nennt man riesige Wirbelstürme, die im Meer entstehen?
   Hurrikan
8. Wie nennt man das Phänomen, welches alles in einen geheimnisvollen Dunst hüllt?
   Nebel

DER MENSCHLICHE KÖRPER

Der menschliche Körper ist wie eine Maschine – nur viel erstaunlicher! Er besteht aus vielen verschiedenen Teilen, die alle zusammenarbeiten, um uns am Leben zu halten. Dein Körper kann denken, atmen, rennen, lachen, riechen und noch so viel mehr. In diesem Kapitel schauen wir uns einige spannende Fakten über deinen Körper an, die dir vielleicht noch gar nicht bekannt sind!

DAS GEHIRN – DEIN SUPERCOMPUTER

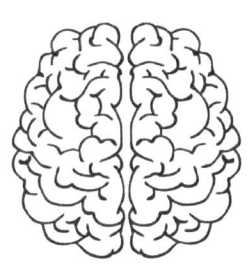

Dein Gehirn ist der Chef deines Körpers. Es ist wie ein riesiger Supercomputer, der alle Informationen sammelt, verarbeitet und Entscheidungen trifft. Es steuert, was du denkst, fühlst, siehst und hörst. Es sorgt dafür, dass dein Herz schlägt, auch wenn du schläfst.

Wusstest du, dass das Gehirn aus mehr als 100 Milliarden Nervenzellen besteht? Diese Zellen senden ständig Nachrichten in Form von elektrischen Signalen hin und her. Das passiert so schnell, dass du es nicht mal merkst!

DAS HERZ – DEIN MOTOR

Lösung: Dein Herz schlägt etwa 100.000-mal am Tag!

Es pumpt das Blut durch deinen Körper, damit Sauerstoff und Nährstoffe überall hin kommen. Blut ist wie ein Lieferservice für deine Zellen. Es bringt ihnen alles, was sie brauchen, und nimmt Abfallstoffe mit, die dein Körper loswerden muss. Dein Herz ist so stark, dass es im Laufe deines Lebens genug Blut pumpt, um mehrere Schwimmbecken zu füllen!

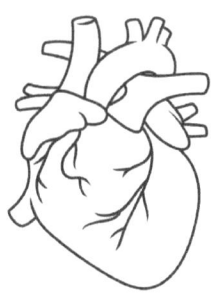

LUNGE – DEINE ATEMMASCHINE

Wenn du einatmest, strömt Luft durch deine Lungen. Sie versorgen dein Blut mit Sauerstoff, den dein Körper zum Überleben braucht. Die Lungen funktionieren wie zwei große Ballons, die sich füllen, wenn du Luft einatmest, und sich leeren, wenn du ausatmest.

Wusstest du, dass du etwa 20.000-mal am Tag atmest? Die Luft, die du einatmest, enthält nicht nur Sauerstoff, sondern auch Stickstoff und andere Gase!

DAS SKELETT – DEIN GERÜST

Ohne dein Skelett würdest du wie ein Mantel auf dem Boden liegen. Es gibt deinem Körper die Form und Stabilität.

Aus wie vielen Knochen besteht dein Skelett?
165
190
206

Lösung: Dein Skelett besteht aus 206 Knochen.

Deine Knochen sind nicht nur hart und stabil, sondern sie wachsen auch mit dir mit! Außerdem enthalten deine Knochen das Knochenmark, das ständig neues Blut für deinen Körper produziert.

MUSKELN – DEINE KRAFTWERKE

Damit du rennen, springen oder auch einfach nur lächeln kannst, brauchst du deine Muskeln. Der menschliche Körper hat über 600 Muskeln, die ständig in Bewegung sind. Auch wenn du still dasitzt, arbeiten deine Muskeln: Zum Beispiel die, die dein Herz schlagen oder dich atmen lassen.

DAS HAST DU BESTIMMT NOCH NICHT GEWUSST:

Deine Zungenmuskeln sind einige der stärksten Muskeln in deinem Körper!

HAUT – DEIN SCHUTZSCHILD

Deine Haut ist das größte Organ deines Körpers und schützt dich vor der Außenwelt. Sie hält Viren und Bakterien draußen und sorgt dafür, dass du nicht zu viel Wasser verlierst.

Wusstest du, dass deine Haut sich ständig erneuert? Jeden Tag verliert dein Körper etwa 30.000 abgestorbene Hautzellen. Die Haut ist auch dafür verantwortlich, dass du Berührungen spüren kannst. Also wie warm oder kalt etwas ist und ob es weh tut.

VERDAUUNG – DEIN KRAFTWERK

Wenn du isst, beginnt dein Körper sofort damit, die Nahrung zu verdauen. Zuerst wird sie im Mund zerkleinert, dann durch den Magen-Darm-Trakt weitertransportiert. Dein Magen zerkleinert das Essen mithilfe von Säuren und Enzymen. Diese brechen die Nahrung in winzige Teilchen auf, damit dein Körper die Nährstoffe daraus aufnehmen kann.

DAS HAST DU BESTIMMT NOCH NICHT GEWUSST:

Deine Darmflora besteht aus Milliarden von Bakterien, die dir dabei helfen, das Essen zu verdauen!

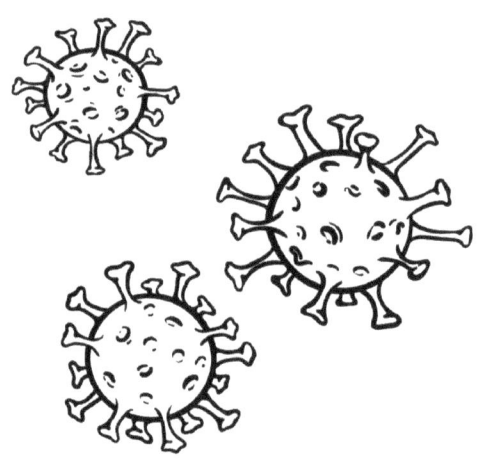

SINNESORGANE – DEINE VERBINDUNG ZUR WELT

Deine Augen, Ohren, Nase, Zunge und Haut sind deine Sinnesorgane. Sie ermöglichen es dir, die Welt um dich herum zu erleben. Mit deinen Augen siehst du die Farben, Formen und Bewegungen. Deine Ohren lassen dich Musik hören und Geräusche erkennen.
Mit der Nase riechst du das leckere Essen und Blumen. Deine Zunge erkennt süß, sauer, bitter und salzig. Und die Haut spürt Berührungen und Temperaturen.

Hast du das gewusst? Faszinierend!
Dein Herz pumpt genug Blut, um damit einen ganzen Tankwagen zu füllen.
Dein Körper besteht zu etwa 60 % aus Wasser.

Der kleinste Knochen deines Körpers befindet sich im Ohr und ist kleiner als ein Reiskorn!
Dein Darm ist etwa 7 Meter lang – das ist so lang wie ein Kleinbus!
In deinem ganzen Leben wirst du etwa 40 Tonnen Nahrung zu dir nehmen. Das ist ungefähr das Gewicht von sieben Elefanten!

WISSENSCHAFT UND TECHNIK

Wissenschaft und Technik helfen uns, die Welt besser zu verstehen und großartige Dinge zu erfinden. Egal, ob es um ferne Planeten, clevere Roboter oder geniale Erfindungen geht – in diesem Kapitel tauchen wir in die Geheimnisse der Wissenschaft und Technik ein.

UNSER SONNENSYSTEM UND DIE PLANETEN

Stell dir vor, du könntest mit einem Raumschiff durch das Weltall fliegen – vorbei an geheimnisvollen Planeten und glühenden Sternen. Genau so eine Reise unternehmen wir jetzt, und das Ziel ist unser eigenes Sonnensystem!

Unser Sonnensystem ist wie eine große Familie von Planeten, die alle um die Sonne kreisen.

Wusstest du, dass die Sonne aus Gas besteht? Sie gibt uns Licht und Wärme. Ohne die Sonne wäre die Erde kalt und dunkel, und es gäbe kein Leben.

Unglaublich, aber wahr, die Sonne ist auch nur ein winziger Punkt in unserer Galaxie, der Milchstraße. Es gibt Billionen von Sternen wie sie – aber jetzt wollen wir uns erst mal um unsere unmittelbare Nachbarschaft kümmern!

MERKUR – DER HEISSE FELSEN

Am nächsten zur Sonne liegt Merkur, der kleinste Planet in unserem Sonnensystem. Tagsüber wird es hier extrem heiß: über 400 Grad Celsius. Nachts ist es mit bis zu minus 180 Grad unglaublich kalt! Die Sonne sieht auf dem Merkur dreimal so groß aus wie auf der Erde!

VENUS – DIE GLÜHEND HEISSE SCHWESTER DER ERDE

Die Venus wird manchmal auch die „Zwillingsschwester" der Erde genannt, weil beide fast gleich groß sind. Aber die Venus ist alles andere als ein gemütlicher Ort! Sie ist der heißeste Planet unseres Sonnensystems – mit Temperaturen von über 450 Grad Celsius.

Außerdem dreht sich die Venus unglaublich langsam: Ein Tag auf der Venus dauert länger als ein ganzes Jahr auf der Erde!

ERDE – UNSER ZUHAUSE

Damit kommen wir zur Erde – unserem wundervollen Planeten. Es ist der einzige, von dem wir wissen, dass es auf ihm Leben gibt. Was die Erde so besonders macht, ist das perfekte Zusammenspiel aus Wasser, Luft und der richtigen Temperatur. Außerdem schützt uns die Atmosphäre vor gefährlicher Strahlung der Sonne und lässt uns gleichzeitig atmen. Die Erde dreht sich um ihre eigene Achse, und genau das sorgt für Tag und Nacht.

MARS – DER ROTE PLANET

Der Mars ist unser nächster Nachbar und ein echter Abenteurer unter den Planeten. Er sieht aus wie eine riesige rote Wüste, weil sein Boden voll von rostigem Eisenstaub ist. Auf dem Mars gibt es den höchsten Berg des Sonnensystems: den Olympus Mons. Er ist dreimal so hoch wie der Mount Everest! Und es gibt riesige Schluchten, die viel tiefer und länger sind als der Grand Canyon auf der Erde. Der Mars ist auch der Planet, den Wissenschaftler am meisten erkunden möchten, weil es Hinweise darauf gibt, dass es dort einst Wasser – und vielleicht sogar Leben – gab.

JUPITER – DER GIGANT

Der größte Planet in unserem Sonnensystem ist der Jupiter. Ein gewaltiger Gasplanet, der so groß ist, dass mehr als 1.300 Erden hineinpassen würden! Er besteht hauptsächlich aus Gasen wie Wasserstoff und Helium und hat keine feste Oberfläche wie die Erde. Auf dem Jupiter gibt es einen gigantischen Sturm, der als der Große Rote Fleck bekannt ist – ein Wirbelsturm, der größer ist als die gesamte Erde und schon seit hunderten von Jahren tobt. Wow!

SATURN – DER HERR DER RINGE

Der Saturn hat wunderschöne, schimmernde Ringe. Diese Ringe bestehen aus Eis- und Gesteinsbrocken, die wie ein riesiger Staubwirbel um den Planeten kreisen. Aber der Saturn ist nicht nur schön, sondern auch riesig: Er ist der zweitgrößte Planet im Sonnensystem und besteht ebenfalls hauptsächlich aus Gas.

URANUS – DER GEKIPPTE PLANET

Der Uranus ist ein mysteriöser Gasplanet, der eine merkwürdige Eigenschaft hat: Er rollt praktisch auf der Seite, während er um die Sonne kreist! Seine Achse ist so stark geneigt, dass er wie ein rollender Ball durchs

All fliegt. Uranus ist auch bekannt für seine bläuliche Farbe, die durch das Gas Methan in seiner Atmosphäre entsteht. Außerdem weht auf Uranus ein heftiger Wind – er erreicht Geschwindigkeiten von bis zu 900 Kilometer pro Stunde!

NEPTUN – DER STÜRMISCHE BLAUE

Der äußerste Planet in unserem Sonnensystem ist der Neptun. Er ist tiefblau und eisig kalt. Doch lass dich nicht von der Kälte täuschen. Auf dem Neptun toben die stärksten Stürme im Sonnensystem, mit Windgeschwindigkeiten von bis zu 2.000 Kilometer pro Stunde!

PLUTO – DER ZWERGPLANET

Pluto, der berühmte Zwergplanet besteht aus einer spannenden Welt aus Eis und Felsen. Pluto ist so weit entfernt, dass ein Jahr auf ihm etwa 248 Erdenjahre dauert! Das bedeutet, dass ein Mensch, der auf Pluto leben würde, niemals seinen ersten Geburtstag feiern könnte.

Das hast du bestimmt noch nicht gewusst: Alle Planeten kreisen gemeinsam um die Sonne und kollidieren dabei nie miteinander. Das liegt daran, dass sie alle ihre eigenen Umlaufbahnen haben.

Die Sonne macht 99,86 % der gesamten Masse unseres Sonnensystems aus. Alle Planeten, Monde, Asteroiden und Kometen machen nur die restlichen 0,14 % aus! Wow! Unser Sonnensystem befindet sich in einer Ecke der Milchstraße – einer Galaxie mit ungefähr 200 Milliarden Sternen. Und unsere Milchstraße ist nur eine von unzähligen Galaxien im Universum!

DAS WELTALL-QUIZ

1. Welcher Planet ist der kleinste in unserem Sonnensystem?
   Merkur
2. Warum wird die Venus oft die „Zwillingsschwester" der Erde genannt?
   Weil sie ungefähr so groß ist, wie die Erde.
3. Welcher Planet hat den höchsten Berg im Sonnensystem?
   Mars
4. Welcher Planet „rollt" praktisch auf seiner Seite?
   Uranus
5. Welcher Planet hat die stärksten Stürme im Sonnensystem?
   Neptun
6. Auf welchem Planeten könnte es Leben gegeben haben, so die Vermutung?
   Mars

FASZINIERENDE ERFINDUNGEN

Stell dir vor, du könntest in der Zeit zurückreisen und einige der wichtigsten Erfindungen der Menschheitsgeschichte miterleben – das Rad, die Glühbirne, das Flugzeug oder das Internet! Jede dieser Erfindungen hat unsere Welt auf unglaubliche Weise verändert.

Machen wir uns auf eine Reise durch die Geschichte und sehen uns einige dieser genialen Ideen genauer an!

EINIGE DER COOLSTEN ERFINDUNGEN:

DAS RAD – DER ANFANG VON ALLEM

Das Rad ist eine der ältesten Erfindungen. es ist kaum vorstellbar, wie die Welt ohne es aussehen würde. Erfunden wurde es vor über 5.000 Jahren. Obwohl es zunächst für Töpferarbeiten genutzt wurde, revolutionierte es später den Transport. Dank des Rades konnten Menschen schwere Lasten leichter bewegen und sogar Reisen über lange Strecken unternehmen. Stell dir vor, wie das Leben früher ohne Autos, Fahrräder oder Züge war – alles war viel langsamer und mühsamer!

DIE GLÜHBIRNE – DIE NACHT WIRD ZUM TAG

Bevor Thomas Edison die Glühbirne perfektionierte, nutzten die Menschen Kerzen und Öllampen. Edison war nicht der Erste, der mit elektrischem Licht experimentierte, aber er schuf eine langlebige und erschwingliche Glühbirne. Heute beleuchten Milliarden von Glühbirnen die Straßen, Häuser und Städte auf der ganzen Welt. Ist das nicht genial?

DAS FLUGZEUG – VOM TRAUM DES FLIEGENS

Jahrtausende lang träumten die Menschen davon, wie Vögel durch die Luft zu fliegen. Die Brüder Wright, Orville und Wilbur, machten diesen Traum im Jahr 1903 wahr. Sie bauten das erste motorbetriebene Flugzeug, das tatsächlich abhob und in der Luft blieb. Obwohl ihr erster Flug nur 12 Sekunden dauerte,

legte er den Grundstein für die moderne

Luftfahrt. Heutzutage können wir mit Flugzeugen in wenigen Stunden von einem Kontinent zum anderen reisen – eine Reise, die früher Monate oder sogar Jahre dauerte!

DAS INTERNET – DIE WELT IN DEINER HAND

Das Internet ist eine der jüngsten, aber vielleicht auch eine der mächtigsten Erfindungen überhaupt. Es verbindet Menschen auf der ganzen Welt und macht es möglich, in Sekundenschnelle Informationen zu finden, Videos anzusehen oder mit Freunden zu chatten, die auf der anderen Seite des Planeten leben. Vor ein paar Jahrzehnten hätten sich die Menschen nicht vorstellen können, dass sie so einfach Zugang zu einer solch riesigen Menge an Wissen und Unterhaltung haben könnten.

DAS TELEFON – VON MORSEZEICHEN ZUM SMARTPHONE

Bevor es Telefone gab, mussten Nachrichten entweder durch Briefe oder durch Morsezeichen verschickt werden – ein extrem langsamer Prozess. 1876 erfand Alexander Graham Bell das Telefon und ermöglichte damit zum ersten Mal die direkte Kommunikation über lange Distanzen. Heute tragen wir mit unseren Smartphones im Grunde kleine Supercomputer in der Tasche, die nicht nur telefonieren können, sondern auch Fotos machen, Musik abspielen und – natürlich – Zugang zum Internet haben.

JETZT BIST DU DRAN!

Stell dir vor, du bist ein Erfinder – genau wie Thomas Edison oder die Brüder Wright. Was würdest du erfinden, um das Leben der Menschen besser oder spannender zu machen? Deine Idee könnte etwas ganz Neues sein oder etwas, das es schon gibt, aber besser funktioniert!

Hier kannst du deine Idee eintragen:

GRUNDBEGRIFFE DER PHYSIK UND CHEMIE

Physik und Chemie klingen vielleicht kompliziert, aber sie sind eigentlich überall um uns herum! Stell dir vor, du baust ein Baumhaus. Um es stabil zu machen, musst du wissen, wie du die Balken am besten platzierst – das ist Physik.
Oder stell dir vor, du backst einen Kuchen: Die Zutaten wie Mehl, Zucker und Eier verwandeln sich im Ofen in etwas völlig Neues – das ist Chemie!

PHYSIK – DIE GESETZE DER NATUR

1. SCHWERKRAFT – DIE UNSICHTBARE KRAFT

Die Schwerkraft zieht alles zur Erde hin. Sie sorgt dafür, dass wir nicht ins Weltall fliegen und ein Apfel vom Baum fällt.
Wusstest du, dass die Schwerkraft auf dem Mond nur halb so stark ist wie auf der Erde?

Das bedeutet, dass du auf dem Mond viel höher springen könntest!

2. ENERGIE MACHT DIE WELT LEBENDIG

Energie gibt es in vielen Formen: Bewegungsenergie (ein rollender Ball), potenzielle Energie (ein fallender Ball) und Wärmeenergie (ein heißer Kakao). (Bild: Ball)

3. LICHT UND FARBEN – DAS SPEKTRUM DES REGENBOGENS

Licht ist nicht nur für unsere Augen wichtig, sondern es hat auch eine spannende Reise hinter sich! Wenn Licht durch ein Prisma (ein spezielles Glas) fällt, wird es in seine Farben zerlegt und zeigt uns einen Regenbogen. Dies geschieht, weil verschiedene Farben unterschiedliche Wellenlängen haben.

Werde zum Physiker und mache ein cooles Regenbogen-Expriment! So kannst du deine eigene Farbshow kreieren.

WAS DU BRAUCHST:

- ein Glas Wasser
- ein Stück Papier
- eine Taschenlampe (oder ein Handy mit Taschenlampenfunktion)

JETZT BIST DU DRAN!

SO GEHT'S:

- Fülle das Glas mit Wasser.
- Halte das Glas so, dass das Licht der Taschenlampe darauf scheint.
- Halte das Papier hinter das Glas, um zu sehen, wie das Licht auf das Papier strahlt.

4. SCHALL – DIE WELLEN DER MUSIK

Schall ist eine Welle, die durch die Luft reist und unsere Ohren erreicht. Wenn du einen Trommler hörst oder das Singen eines Vogels, sind das Schallwellen!

ALBERT EINSTEIN:

Ein genialer Physiker, der die Relativitätstheorie entwickelte.
Er sagte einmal: „Fantasie ist wichtiger als Wissen, denn Wissen ist begrenzt."

CHEMIE – DIE BAUSTEINE DES LEBENS

Die Chemie erklärt, wie verschiedene Substanzen miteinander reagieren. Sie zeigt uns, wie alltägliche Dinge wie Wasser, Luft und sogar unser Körper aufgebaut sind. Hier sind einige aufregende chemische Phänomene:

1. DIE MAGIE DES KOCHENS

Wenn du Wasser erhitzt, verwandelt es sich in Dampf. Das ist ein Beispiel für eine chemische Reaktion, die wir täglich erleben. Wenn du Eier kochst, geschieht eine andere spannende Reaktion: Das Eiweiß wird fest, weil sich die Proteine verändern. Dies nennt man Denaturierung.

EXPERIMENT

Ein Experiment, das du gemeinsam mit deinen Eltern ausprobieren kannst, ist das Kochen von aufgeschlagenen Eiern. Beobachte, wie sie sich verwandeln!

2. DIE CHEMISCHE REAKTION – BACKPULVER UND ESSIG

Wenn du Backpulver mit Essig mischst, passiert etwas Aufregendes: Es entsteht eine sprudelnde Reaktion, bei der Kohlendioxid freigesetzt wird.

JETZT BIST DU DRAN!

Werde selbst zum Chemiker und mache ein spannendes Experiment! Dieses Experiment kannst du in einem Glas durchführen, um „Vulkan-Effekte" zu erzeugen. Es ist nicht nur lustig, sondern auch ein großartiger Weg, um zu lernen, wie chemische Reaktionen funktionieren!

3. DIE FARBEN DER CHEMIE – INDIKATOREN

Chemische Indikatoren sind Substanzen, die ihre Farbe ändern, wenn sie mit Säuren oder Basen in Kontakt kommen. Ein beliebtes Experiment ist die Verwendung von Rotkohlwasser. Wenn du ein paar Tropfen Zitronensaft (eine Säure) hinzufügst, wird das Wasser pink! Wenn du etwas Backpulver (eine Base) hinzufügst, wird es grün!

So kannst du spielerisch lernen, wie Säuren und Basen wirken.

MARIE CURIE: DIE STRAHLENDE WISSENSCHAFTLERIN

Marie Curie, geboren 1867 in Warschau, Polen, war eine bahnbrechende Wissenschaftlerin und die erste Frau, die einen Nobelpreis gewann! Sie erhielt Auszeichnungen für ihre faszinierenden Forschungen zur Radioaktivität.
Curie entdeckte die Elemente Radium und Polonium, die nicht nur wichtige wissenschaftliche Fortschritte brachten, sondern auch die Medizin revolutionierten. Ihre Arbeiten zur Strahlentherapie helfen bis heute vielen Menschen, die an Krebs erkrankt sind.

ROBOTER UND KÜNSTLICHE INTELLIGENZ

Roboter sind keine Zukunftsvision mehr – sie sind schon heute Teil unseres Lebens! Von Staubsaugerrobotern, die deine Wohnung blitzblank putzen, bis zu riesigen Maschinen, die in Fabriken helfen, Autos zu bauen. Roboter können Dinge tun, die für Menschen zu gefährlich oder zu schwierig wären.

Und dann gibt es noch die künstliche Intelligenz (KI). Das ist, wenn Computerprogramme lernen, Dinge selbst zu machen, ohne dass Menschen ihnen ständig sagen müssen, was zu tun ist. Zum Beispiel nutzen viele Spiele auf deinem Handy oder Computer KI, um cleverer zu werden und deine Züge vorherzusagen. Wusstest du, dass es Roboter gibt, die mit dir Schach spielen können und oft sogar gewinnen? Oder dass Roboter als Ärzte eingesetzt werden, um schwierige

Operationen durchzuführen? Die Möglichkeiten sind endlos!

WAS FÜR EINEN ROBOTER HÄTTEST DU GERNE?

TECHNIK IM ALLTAG: WIE FUNKTIONIERT DAS?

Hast du dich schon mal gefragt, wie dein Toaster dein Brot so knusprig macht oder wieso dein Fernseher all diese bunten Bilder zeigt? Hinter den alltäglichen Geräten, die du zu Hause nutzt, steckt faszinierende Technik, die unser Leben einfacher, spannender und manchmal sogar magisch macht!

Der Kühlschrank: Cool bleiben!
Dieser geniale Helfer sorgt dafür, dass deine Milch frisch bleibt und dein Eis immer schön gefroren ist. Aber wie macht er das?
In einem Kühlschrank zirkuliert ein spezielles Gas, das die Wärme aus dem Inneren nach

außen abführt. Das Gas wird zuerst komprimiert, wodurch es heiß wird. Dann fließt es durch Röhren, die außen am Kühlschrank verlaufen, wo es abkühlt und wieder in den Kühlschrank zurückkehrt. So bleibt es innen schön kalt, und deine Lebensmittel bleiben frisch!

Der Fernseher: deine Fenster zur Welt! Wusstest du, dass dein Fernseher elektrische Signale aufnimmt und sie in die bunten Bilder und Töne verwandelt, die du auf dem Bildschirm siehst? Wenn du deinen Fernseher einschaltest, werden die Signale von den Fernsehsendern an dein Gerät gesendet.

Diese Signale enthalten die Informationen für die Bilder und die Geräusche deiner Lieblingssendungen. Es ist, als ob der Fernseher zaubert und dir die ganze Welt direkt ins Wohnzimmer bringt!

Das Handy: dein kleiner Zauberer!
Stell dir mal vor, dein Handy ist wie ein kleiner Zauberer! Es hat winzige Antennen, die Funksignale in die Luft schicken. Wenn du mit jemandem sprichst oder eine Nachricht schickst, wird deine Stimme in elektrische Signale umgewandelt und durch die Luft gesendet. Das funktioniert auch wenn die andere Person am anderen Ende der Welt ist! Diese Technik nennt man Mobilfunk, und sie ermöglicht es uns, jederzeit und überall miteinander zu kommunizieren.

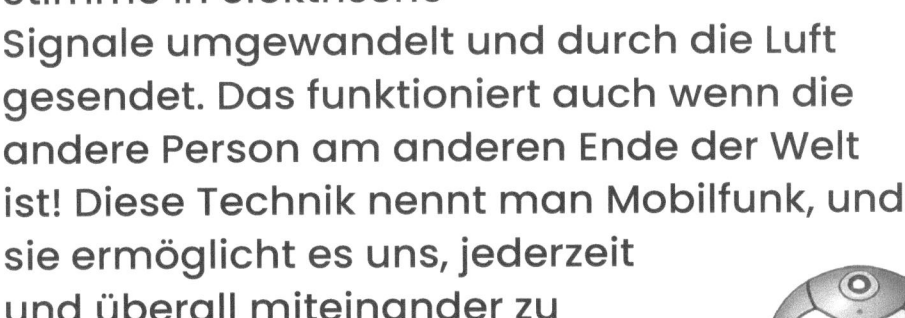

Du möchtest wissen, wie andere Geräte funktionieren? Recherchiere im Internet (z. B. auf Kiddle.co). Dort bekommst du Antworten auf alle deine Fragen!

JETZT BIST DU DRAN!

GESCHICHTE

Die Geschichte ist wie ein riesiges Buch, das uns von den Abenteuern, Erfindungen und Herausforderungen vergangener Zeiten erzählt. Wenn wir in die Vergangenheit reisen, begegnen wir beeindruckenden Zivilisationen, mutigen Entdeckern und unglaublichen Persönlichkeiten. Lass uns gemeinsam einige spannende Kapitel aufschlagen!

ALTE ZIVILISATIONEN

Die Geschichte der Menschheit begann nicht mit uns, sondern mit beeindruckenden Zivilisationen, die viele erstaunliche Dinge erschaffen haben. Reisen wir in die Vergangenheit und entdecken die Geheimnisse dieser alten Kulturen!

HIER SIND EINIGE DER BEKANNTESTEN ZIVILISATIONEN:

ÄGYPTEN – DAS LAND DER PYRAMIDEN

Ägypten ist berühmt für seine gigantischen Pyramiden und Pharaonen. Aber wusstest du, dass die Ägypter auch unglaubliche Erfindungen gemacht haben?

Hieroglyphen: Das sind ägyptische Schriftzeichen, die aus Bildern bestehen. So ähnlich wie unsere Emojis heute. Die alten Ägypter schrieben damit Geschichten und hielten wichtige Ereignisse fest.

Papyrus: Die Ägypter erfanden auch das erste Papier, genannt Papyrus, das sie aus der Papyruspflanze herstellten. Es war leicht zu transportieren und ermöglichte den Austausch von Wissen.

Die Mumifizierung: Die Ägypter glaubten an ein Leben nach dem Tod und mumifizierten ihre Verstorbenen, um sie für die Ewigkeit zu bewahren. Sie benutzten spezielle Öle und Balsamierungstechniken, um die Körper zu erhalten.

GRIECHENLAND – WIEGE DER DEMOKRATIE

Griechenland ist bekannt für seine Philosophen, Kunst und die ersten Formen der Demokratie.
Die Olympischen Spiele: Diese Spiele wurden zu Ehren der Götter ins Leben gerufen und sind der Vorläufer der heutigen Olympischen Spiele. Sie fanden alle vier Jahre in Olympia statt und alle griechischen Stadtstaaten konnten teilnehmen.

Frage: Wenn du bei den Olympischen Spielen teilnehmen könntest, in welcher Disziplin würdest du antreten?

Philosophie: Berühmte Denker wie Sokrates, Platon und Aristoteles diskutierten über das Leben, die Ethik und die Gesellschaft. Ihre Ideen sind bis heute wichtig und beeinflussen unser Denken.

Architektur: Die alten Griechen bauten wunderschöne Tempel, wie den Parthenon in Athen, der der Göttin Athene gewidmet war. Sie benutzten Säulen und Stile, die bis heute bewundert werden.

DIE INKA – DIE MEISTER DER ANDEN

Die Inka waren eine alte Zivilisation in Südamerika, die für ihre beeindruckenden Bauwerke und fortschrittlichen landwirtschaftlichen Techniken bekannt ist.
Machu Picchu: Diese geheimnisvolle Stadt in den Anden ist heute eines der bekanntesten Weltwunder. Die Inka bauten sie in 2.400 Metern Höhe. Sie blieb lange Zeit verborgen, bis sie 1911 von einem Forscher wiederentdeckt wurde.

Terrassenlandwirtschaft: Die Inka entwickelten eine Methode zur Landwirtschaft in den Bergen, indem sie Terrassen bauten, die das Wasser hielten und den Boden vor Erosion schützten. Sie züchteten Kartoffeln, Mais und viele andere Pflanzen.

Das Straßennetz: Die Inka bauten ein riesiges Straßennetz, das ihre gesamte Zivilisation verband. Diese Straßen sind so gut, dass viele noch heute genutzt werden.
Alte Zivilisationen haben unsere Welt geprägt und viele Grundlagen für das moderne Leben gelegt. Wenn wir über sie lernen, verstehen wir besser, wie wir heute leben und was wir von der Vergangenheit lernen können.

Stelle selbst Papyrus her, wie die alten Ägypter!

JETZT BIST DU DRAN!

ANLEITUNG ZUR PAPYRUSHERSTELLUNG:

Materialien

- Schilfrohr (oder dicke Gräser)
- Wasser
- Hammer oder Holzklotz
- Tuch oder Handtuch
- Backpapier (optional)

Schritte

- Schilfrohr schneiden:
  Schneide das Schilfrohr in 30 cm lange Stücke und entferne die äußere Schicht.
- In Scheiben schneiden:
  Schneide die inneren Röhren in dünne Streifen (1 bis 2 cm breit).
- Anordnen:
  Lege die Streifen nebeneinander auf ein Schneidebrett.
- Quetschen:
  Bedecke die Streifen mit einem Tuch und klopfe vorsichtig mit dem Hammer, um sie zu verbinden.
- Einweichen:
  Lege die Streifen in eine Schüssel mit Wasser für 30 Minuten.
- Trocknen:
  Lege die Streifen zwischen zwei Backpapierblätter oder Handtücher und beschwere sie. Lasse sie 24 Stunden trocknen.
- Verwenden:
  Dein Papyrus ist fertig! Nutze es zum Schreiben oder Zeichnen.

VIEL SPASS!

Entdecker und ihre Reisen

Stell dir vor, du bist ein mutiger Entdecker, der in unbekannte Länder segelt, neue Kulturen entdeckt und Abenteuer erlebt. Die Geschichte ist voll von faszinierenden Entdeckern, die die Welt verändert haben. Lass uns ihre spannenden Geschichten hören!

Christoph Kolumbus – Der Weg zu neuen Welten

Christoph Kolumbus ist wahrscheinlich einer der bekanntesten Entdecker. Im Jahr 1492 segelte er über den Atlantik, auf der Suche nach einem neuen Seeweg nach Indien. Stattdessen entdeckte er eine neue Welt – Amerika!

Kolumbus reiste mit drei Schiffen: der Santa Maria, der Pinta und der Niña. Es war eine lange und gefährliche Reise über das unbekannte Meer.

Als Kolumbus in Amerika ankam, traf er auf die Taíno, die Ureinwohner der Karibik. Er glaubte, er sei in Indien, weil er nach Gewürzen suchte. Leider brachten die Kolonialisten Krankheiten mit sich. Viele Ureinwohner starben an den Krankheiten, gegen die sie keine Abwehrkräfte hatten.

Kolumbus' Reisen führten zu einem großen Austausch zwischen Europa und Amerika, was bedeutete, dass viele neue Pflanzen, Tiere und Ideen hin- und hergeschickt wurden. Doch dies geschah oft auf Kosten der einheimischen Kulturen.

MARCO POLO – DER REISENDE, DER ASIEN ENTDECKTE

Marco Polo war ein venezianischer Händler, der im 13. Jahrhundert lebte. Er machte sich auf eine abenteuerliche Reise nach Asien und kehrte mit vielen spannenden Geschichten zurück.

Marco Polo reiste über die berühmte Seidenstraße, die Europa mit Asien verband. Er sah viele erstaunliche Dinge, wie große Städte und exotische Waren. Marco Polo war ein Gast am Hof des Mongolenkaisers Kublai Khan und reiste viele Jahre durch China. Er beschrieb die wunderbaren Dinge, die er sah, wie Papiergeld und riesige Paläste.

Seine Geschichten wurden in einem Buch veröffentlicht, das viele Menschen inspirierte, selbst zu reisen und die Welt zu entdecken.

FERDINAND MAGELLAN – DIE ERSTE WELTUMSEGELUNG

Ferdinand Magellan war ein portugiesischer Entdecker, der als erster Mensch die Erde umsegelte. Seine Reise begann 1519 und dauerte fast drei Jahre!
Er suchte einen neuen Weg zu den Gewürzinseln und segelte nach Westen. Er entdeckte viele neue Inseln, darunter die Philippinen.

Magellan und seine Crew hatten viele Herausforderungen, wie Stürme, Hunger und

Krankheiten. Nur ein Teil der Crew kehrte zurück.

Magellans Reise zeigte, dass die Erde eine Kugel ist und man sie durch die Meere bereisen kann.

JAMES COOK – DER ENTDECKER DER SÜDSEE

James Cook war ein britischer Kapitän und Entdecker, der im 18. Jahrhundert lebte. Er kartierte viele Teile der Welt und entdeckte neue Kontinente.

Cook unternahm mehrere Reisen in den Pazifik, wo er Inseln wie Hawaii und Neuseeland entdeckte. Er war der erste Europäer, der eine Karte von Australien erstellte.

 Zudem erstellte er auch die ersten genauen Karten des Pazifiks, die vielen anderen Seeleuten halfen, sicher zu reisen.
Cook hatte viele Begegnungen mit den Ureinwohnern der von ihm entdeckten Gebiete und versuchte Respekt vor ihren

Kulturen zu zeigen. Allerdings hatten Cook und seine Crew auch mehrere Konflikte mit den Ureinwohnern, die leider zu gewaltsamen Begegnungen führten. Dies geschah oft, wenn die Ureinwohner nicht bereit waren, Land oder Lebensmittel abzugeben.

WELCHES LAND HÄTTEST DU GERNE ENTDECKT?

DINOSAURIER UND DIE URZEIT

Stell dir vor, du lebst vor Millionen von Jahren, als riesige Kreaturen die Erde durchstreifen. Diese faszinierenden Wesen heißen Dinosaurier, und sie sind eines der aufregendsten Themen der Urzeit! Dinosaurier gab es in vielen Formen und Größen. Einige, wie der **Tyrannosaurus Rex,** waren Fleischfresser mit scharfen Zähnen und starken Beinen. Er war einer der größten Raubdinosaurier.

Was schätzt du? Wie groß und schwer war der T-Rex?

Lösung: 12 Meter und 8 Tonnen

Andere, wie der **Brachiosaurus,** waren riesige Pflanzenfresser, die über 25 Meter lang werden konnten. Das ist länger als ein Bus! Diese sanften Riesen hatten lange Hälse, mit denen sie hoch in die Bäume greifen konnten, um die saftigsten Blätter zu erreichen.

Die Zeit der Dinosaurier wird in drei große Epochen unterteilt: Trias, Jura und die Kreidezeit. Diese Epochen waren unglaublich spannend und brachten viele verschiedene Dinosaurierarten hervor.

In der Kreidezeit lebten die bekanntesten Dinosaurier, und genau in dieser Zeit kam es zu einem der größten Massenaussterben, bei dem die meisten Dinosaurier verschwanden. Aber warum sind die Dinosaurier eigentlich ausgestorben?

Die Wissenschaftler glauben, dass ein großer Asteroid die Erde getroffen hat, was zu gewaltigen Veränderungen im Klima führte. Viele Dinosaurier konnten sich nicht anpassen und starben aus. Doch ihre Nachfahren leben weiter: die Vögel!

Ja, du hast richtig gehört – Vögel sind die direkten Nachkommen der Dinosaurier und teilen viele Eigenschaften mit ihnen.

Wusstest du, dass Dinosaurier nicht die einzigen Kreaturen in der Urzeit waren? Riesige Meerestiere, wie der Mosasaurus, und fliegende Reptilien, wie der **Pterodactylus**, schwebten durch die Lüfte.

DAS HAST DU BESTIMMT NOCH NIE GEHÖRT!

Der Brachiosaurus hatte ein gigantisches Herz! Es musste Blut bis zu seinem Kopf pumpen, der sich viele Meter über dem Boden befand. Sein Herz könnte so groß wie ein Auto gewesen sein!

Es gibt Hinweise darauf, dass einige Dinosaurier Federn hatten. Ja, sie waren nicht immer schuppig!
Die größte bekannte Dinosaurierart ist der Argentinosaurus, der über 30 Meter lang werden konnte!

Hier kannst du ihre Namen aufschreiben:

_____
_____
_____
_____
_____
_____
_____
_____
_____
_____

UNSERE ERDE

Komm mit, auf eine spannende Reise um die Welt!

Wusstest du, dass unsere Erde auch „der blaue Planet" genannt wird? Wenn man sie aus dem Weltraum betrachtet, sieht sie blau aus, weil sie zu über 70 % aus Wasser besteht. Der Rest ist Land, auf dem wir leben – und das verteilt sich auf sieben Kontinente!

KONTINENTE UND LÄNDER

Unsere Welt ist in sieben große Landmassen aufgeteilt – die Kontinente! Sie heißen: Afrika, Asien, Europa, Nordamerika, Südamerika, Ozeanien und die eisige Antarktis.

HAST DU GEWUSST, DASS ...:

- ... **Asien** der größte Kontinent ist? Er nimmt fast ein Drittel der gesamten Landfläche der Erde ein!
- ... **Afrika** das Zuhause der meisten

Tierarten ist? Von Elefanten über Löwen hin zu den schnellsten Läufern der Welt: den Geparden!

... es in **Europa** über 40 Länder gibt, obwohl es einer der kleineren Kontinente ist?

... die **Antarktis** die einzige Landmasse ist, auf der keine Menschen dauerhaft leben? Stattdessen tummeln sich hier Pinguine!

UNGLAUBLICH, ABER WAHR:

Auf den Kontinenten gibt es insgesamt 195 Länder! Eines der kleinsten Länder ist der Vatikan, mitten in Italien. Es ist nur so groß wie ein kleiner Park!

OZEANE UND FLÜSSE

Neben den Kontinenten gibt es auch riesige Wasserflächen, die **Ozeane**. Die fünf größten Ozeane der Welt sind:

- der **Pazifische Ozean** (der größte!)
- der **Atlantische Ozean**
- der **Indische Ozea**n
- der **Südliche Ozean** (um die Antarktis herum)
- der **Arktische Ozean** (ganz im Norden)

Wusstest du, dass der tiefste Punkt der Erde im Pazifischen Ozean liegt? Der Marianen-Graben ist fast 11 Kilometer tief. Das ist tiefer als der höchste Berg der Welt, der Mount Everest, hoch ist!

Auch **Flüsse** sind faszinierend! Der längste Fluss der Welt ist der Nil in Afrika, der mehr als 6.600 Kilometer lang ist! Aber der Amazonas in Südamerika transportiert das meiste Wasser – er ist fast so breit wie ein Meer.

DAS HAST DU BESTIMMT NOCH NIE GEHÖRT:

Der Amazonas-Regenwald, durch den der Amazonas fließt, produziert etwa 20 % des gesamten Sauerstoffs auf unserer Erde. Das ist ein Grund, warum er oft als „die Lunge der Erde" bezeichnet wird!

UMWELT UND NACHHALTIGKEIT

Unsere Erde schenkt uns so viele wunderbare Dinge: saubere Luft, frisches Wasser und Nahrung. Aber damit das auch in Zukunft so bleibt, müssen wir sie gut behandeln.
Das nennt man **Nachhaltigkeit**. Ein kluges und achtsames Leben, damit wir die Natur schützen und bewahren (siehe Tipps). Wusstest du, dass jedes Jahr Millionen Tonnen Plastik in unseren Ozeanen landen? Das schadet nicht nur den Fischen und Meeresschildkröten, sondern auch uns Menschen. Aber du kannst helfen! Hier ein paar Tipps, wie du die Umwelt schützen kannst:

- **Weniger Plastik benutzen:** Verwende wiederverwendbare Taschen und Flaschen.
- **Müll richtig trennen:** Recycling hilft dabei, Abfälle wiederzuverwerten.
- **Energie sparen:** Schalte das Licht aus, wenn du es nicht brauchst.
- **Pflanzen schützen:** Bäume pflanzen hilft dabei, mehr Sauerstoff zu produzieren und das Klima zu verbessern.

UNGLAUBLICH, ABER WAHR:

Allein ein großer Baum kann so viel Sauerstoff produzieren, dass damit fast 10 Menschen ein Jahr lang atmen können!

QUIZ: UNSERE ERDE – WIE GUT KENNST DU DEN BLAUEN PLANETEN?

Frage 1:
Wie viele Kontinente gibt es auf der Erde?
a) 5
b) 6
c) 7

Antwort: c) 7

Frage 2:

Welcher Kontinent ist der größte der Welt?

a) Europa
b) Afrika
c) Asien

Antwort: c) Asien

Frage 3:

In welchem Land gibt es den kleinsten Staat der Welt – den Vatikan?

a) Spanien
b) Italien
c) Frankreich

Antwort: b) Italien

Frage 4:

Welcher Ozean ist der größte der Erde?

a) Indischer Ozean
b) Pazifischer Ozean
c) Atlantischer Ozean

Antwort: b) Pazifischer Ozean

Frage 5:

Wie tief ist der tiefste Punkt der Erde im Marianen-Graben im Pazifischen Ozean?

a) Etwa 7 Kilometer
b) Etwa 9 Kilometer
c) Etwa 11 Kilometer

Antwort: c) 11 Kilometer

Frage 6:

Welcher Fluss ist der längste der Welt?

a) Amazonas
b) Nil
c) Mississippi

Antwort: b) Nil

KULTUR UND GESELLSCHAFT

Die Welt ist voller verschiedener Menschen, Sprachen und Bräuche! Jede Kultur hat ihre eigenen Traditionen, Geschichten und Lebensweisen. Aber was bedeutet „Kultur" eigentlich? Kultur ist das, was Menschen miteinander teilen – von Festen und Musik über Kleidung hin zu Mythen und Legenden. Jeder Ort auf der Erde hat eine eigene, einzigartige Kultur. Mach dich mit auf die Reise durch einige der spannendsten Weltkulturen!

WELTKULTUREN

Unsere Welt ist ein Mosaik aus verschiedenen Kulturen, und jede hat ihren ganz eigenen Charakter.

Lösung: über 7.000 Sprachen

Nicht nur die Sprachen unterscheiden uns, sondern auch unsere Traditionen und Bräuche. Hier sind ein paar faszinierende Beispiele:

Indien ist bekannt für seine farbenfrohen Feste wie das Holi-Fest. Hier bewerfen sich die Menschen mit buntem Puder, um den Frühling zu feiern.

In **Japa**n ist die Kirschblüte, genannt Sakura, ein wichtiges Symbol der Schönheit und Vergänglichkeit. Jedes Jahr im Frühling versammeln sich Menschen, um unter blühenden Kirschbäumen zu picknicken.

In **Mexiko** wird der Día de los Muertos (Tag der Toten) gefeiert. Dabei erinnern sich die Menschen mit Blumen, Kerzen und fröhlichen Festen an ihre verstorbenen Angehörigen.

In **Afrika** gibt es hunderte verschiedene Kulturen! Eine davon, die Maasai, sind bekannt für ihre beeindruckenden Sprungtänze, die sie zu besonderen Anlässen aufführen.

UNGLAUBLICH, ABER WAHR:

In **Papua-Neuguinea** gibt es über 800 verschiedene Sprachen! Das ist fast 12 % der Sprachen weltweit – in nur einem Land!

Aber was macht unsere westliche bzw. deutsche Kultur besonders?
Familie und Gemeinschaft: Familie hat einen hohen Stellenwert. An Festtagen

(z. B. Weihnachten und Ostern) oder bei besonderen Anlässen kommt man oft mit Verwandten und Freunden zusammen.

Fleiß und Bildung: Wir gelten als fleißig und Bildung spielt eine wichtige Rolle in unserer Gesellschaft.

Es gibt viele Symbole, die für unsere Kultur stehen:
- Das Brandenburger Tor symbolisiert Frieden und Freiheit und ist eines der bekanntesten Wahrzeichen.
- Fußball spielt eine wichtige Rolle. Große Turniere wie die Weltmeisterschaft vereinen die Nation, und viele Menschen fiebern mit ihren Lieblingsvereinen mit.
- Traditionelle Kleidung wie das Dirndl und die Lederhose sieht man vor allem bei Festen wie dem Oktoberfest, das weltweit bekannt ist.

WIR LEBEN IN EINER KULTUR DER MODERNEN VIELFALT

Heute ist unsere Kultur vielfältiger denn je. Menschen aus unterschiedlichen Ländern und Kulturen tragen dazu bei, sie bunter und reicher zu machen. Es gibt Einflüsse aus der ganzen Welt, sei es in der Musik, der Küche oder im Kunst- und Alltagsleben.

MYTHEN UND LEGENDEN

Jede Kultur hat auch ihre eigenen Mythen und Legenden. Das sind fantastische Geschichten, die erklären sollen, wie die Welt entstanden ist oder wie Menschen und Götter miteinander verbunden sind. Hier sind einige spannende Legenden aus der ganzen Welt:

Die **griechische Mythologie** erzählt von den Göttern des Olymps. Beispielsweise von Zeus, dem König der Götter, der Blitz und Donner kontrolliert, oder Athene, die Göttin der Weisheit. Die Griechen glaubten, dass diese Götter in den Wolken über dem Berg Olymp lebten und über das Schicksal der Menschen entschieden.

Die Legende von **Atlantis**: Eine der bekanntesten Geschichten handelt vom versunkenen Inselreich Atlantis. Der griechische Philosoph Platon beschrieb Atlantis als eine hoch entwickelte, reiche Zivilisation, die durch ihre Überheblichkeit und Gier unterging. In einer einzigen Nacht soll Atlantis durch Erdbeben und Fluten im Meer versunken sein. Obwohl es keine Beweise gibt, suchen Forscher bis heute nach der verlorenen Stadt.

In der **nordischen Mythologie** gibt es die Geschichte von Thor, dem Donnergott, der mit seinem mächtigen Hammer gegen Riesen kämpfte, um die Menschen vor Unheil zu schützen. Auch die Vorstellung des Weltuntergangs, genannt Ragnarök, stammt aus der nordischen Mythologie.

In Ägypten glaubten die Menschen an das Leben nach dem Tod. Der Gott Osiris herrschte über die Unterwelt, und nach dem Tod wurde das Herz eines Menschen gegen die **„Feder der Wahrheit"** gewogen, um zu entscheiden, ob er in das ewige Leben eintreten durfte.

DAS HAST DU BESTIMMT NOCH NIE GEHÖRT:

Die Legende von El Dorado aus Südamerika erzählt von einer sagenhaften Stadt aus purem Gold, die irgendwo im Dschungel verborgen sein soll. Viele Abenteurer haben jahrhundertelang danach gesucht. Aber niemand hat sie je gefunden.

BERUFE

WEISST DU SCHON, WAS DU MAL WERDEN MÖCHTEST?

In unserer Welt gibt es eine riesige Vielfalt an Berufen. Jeder Beruf hat seine eigenen Aufgaben und Herausforderungen. Wollen wir mal einen Blick auf die gefährlichsten, spannendsten und wichtigsten Berufe der Welt werfen!

DIE GEFÄHRLICHSTEN BERUFE DER WELT

Einige Berufe erfordern Mut, denn sie sind mit großen Risiken verbunden. Menschen in diesen Berufen setzen oft ihr Leben aufs Spiel, um andere zu schützen oder wichtige Aufgaben zu erledigen:

Feuerwehrleute: Sie retten Menschen aus brennenden Gebäuden, löschen gefährliche Brände und müssen oft unter schwierigen Bedingungen arbeiten.

Polizisten: Polizisten schützen die Gesellschaft und setzen sich täglich Gefahren aus, wenn sie Verbrecher festnehmen oder in gefährliche Situationen eingreifen.

UNGLAUBLICH, ABER WAHR:

Hochseefischerei zählt zu den gefährlichsten Berufen der Welt, weil die Arbeitsbedingungen auf offener See oft sehr hart und unvorhersehbar sind! Es passiert nicht selten, dass ein Fischer über Bord geht und ertrinkt.

DIE SPANNENDSTEN BERUFE DER WELT

Es gibt Berufe, die die Möglichkeit bieten, außergewöhnliche Dinge zu erleben:

Astronaut: Astronauten reisen ins All, erforschen den Weltraum und erleben Schwerelosigkeit. Es ist ein Beruf, der viel Mut und Wissen erfordert – und eine der spannendsten Karrieren überhaupt.

Archäologe: Archäologen entdecken alte Ruinen und Schätze, die uns mehr über vergangene Zivilisationen verraten.

Jeder Fund könnte ein neues Kapitel der Geschichte aufschlagen!

Meeresbiologe: Diese Wissenschaftler tauchen tief in den Ozean hinab, um Lebewesen zu erforschen, die wir kaum kennen. Die Unterwasserwelt ist voller Geheimnisse, die es zu entdecken gilt.

DAS HAST DU BESTIMMT NOCH NIE GEHÖRT:

Nur etwa 600 Menschen sind bisher ins Weltall geflogen. Astronaut zu werden, ist also eine echte Seltenheit!

BERUFE, DIE SEHR WICHTIG SIND

Viele Berufe tragen dazu bei, dass unsere Gesellschaft funktioniert. Ohne sie wäre unser tägliches Leben kaum vorstellbar. Hier sind einige davon:

Lehrer: Lehrer bilden die nächste Generation aus, vermitteln Wissen und helfen Kindern, die Welt zu verstehen. Sie sind eine wichtige Stütze der Gesellschaft.

Ärzte und Krankenpfleger: Diese Berufe retten Leben, kümmern sich um die Gesundheit der Menschen und sind besonders in Notfällen unersetzlich.

Landwirte: Ohne Landwirte hätten wir keine Lebensmittel. Sie arbeiten hart, um uns mit frischem Obst, Gemüse, Getreide und anderen Nahrungsmitteln zu versorgen.

WUSSTEST DU DAS?

Ein Lehrer kann im Laufe seines Berufslebens hunderte, manchmal sogar tausende Schüler prägen und inspirieren!

WELCHE BERUFE INTERESSIEREN DICH BESONDERS?

Finde heraus, was dir Spaß macht, was du gut kannst und was du in der Welt bewegen möchtest.

DIE WELT WARTET AUF DICH!

KUNST UND MUSIK

Kunst und Musik sind wunderbare Wege, um unsere Gefühle auszudrücken und Geschichten zu erzählen. Sie machen die Welt bunter und fröhlicher! In diesem Kapitel entdecken wir berühmte Künstler, ihre beeindruckenden Werke, verschiedene Musikinstrumente und die vielen Musikstile aus aller Welt. Lass uns eintauchen!

BERÜHMTE KÜNSTLER UND IHRE KUNSTWERKE

LEONARDO DA VINCI:

Er malte die Mona Lisa, ein Gemälde mit einem geheimnisvollen Lächeln. Viele Menschen haben sich schon gefragt, was sie denkt! Da Vinci war ein echter Alleskönner. Er hat nicht nur gemalt, sondern auch viele spannende Erfindungen gemacht.

VINCENT VAN GOGH:

Sein berühmtes Bild Sternennacht zeigt einen wunderschönen Nachthimmel. Van Gogh liebte es, mit Farben zu experimentieren und seine Gefühle in seinen Bildern auszudrücken.

FRIDA KAHLO:

Diese mexikanische Malerin malte viele Selbstporträts, die oft über ihre eigenen Erlebnisse und Gefühle sprechen. Ihre bunten Bilder sind voller Leben und Geschichten. Michelangelo: Michelangelo ist berühmt für seine beeindruckenden Skulpturen, insbesondere für die Statue von David und die Deckenmalerei der Sixtinischen Kapelle. Seine Figuren wirken so lebensecht, als würden sie sich jeden Moment bewegen.

WUSSTEST DU SCHON?

Da Vinci malte die Mona Lisa über vier Jahre und verwendete dafür mehr als 20 Schichten Farbe!

MUSIKINSTRUMENTE AUS ALLER WELT

DUDELSACK – DER FRÖHLICHE BALLON

Herkunft: Der Dudelsack ist in vielen europäischen Ländern zu finden, besonders in Schottland und Irland. Besonderheit: Stell dir vor, du pustest in einen Luftballon, während du gleichzeitig eine Melodie spielst! Der Dudelsack macht genau das! Er hat einen durchdringenden Klang, der bei Festen und Paraden die Leute zum Tanzen bringt! (Bild: Dudelsack)

DIDGERIDOO – DER GEHEIMNISVOLLE BAUMSTAMM

Herkunft: Das Didgeridoo kommt aus Australien und wurde durch die Aborigines

bekannt, den Ureinwohnern des Kontinents.
Besonderheit: Es sieht aus wie ein
großes Holzrohr und hat einen tiefen,
geheimnisvollen Klang. Die Spieler
verwenden eine coole Technik namens
„Zirkularatmung", die es ihnen ermöglicht,
ohne Unterbrechung zu spielen! Man könnte
sagen, es klingt,
als würde der
Wind durch den
Dschungel wehen!

DJEMBE – DIE KRAFTVOLLE TROMMEL

Herkunft: Die Djembe kommt aus Westafrika.
Besonderheit: Sie besteht aus einem Holzblock mit einer Tierhaut obendrauf und wird mit den Händen gespielt. Ihr kraftvoller Klang kann so laut sein, dass selbst die Tiere im Dschungel aufhorchen! Die Djembe bringt alle zusammen und sorgt für jede Menge Spaß und Rhythmus!

ERHU – DIE STIMME DES DRACHEN

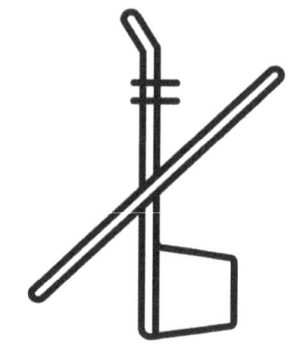

Herkunft: Die Erhu ist ein traditionelles Saiteninstrument aus China.
Besonderheit: Sie hat nur zwei Saiten und klingt wie das Weinen eines Drachen! Mit einem Bogen wird sie gespielt und erzeugt einen melancholischen, gefühlvollen Klang, der die Herzen berührt.

AKKORDEON – DER MAGISCHE KLIMPERKASTEN

Herkunft: Das Akkordeon ist in der europäischen Volksmusik sehr beliebt, besonders in Deutschland und Frankreich.
Besonderheit: Es sieht aus wie ein riesiges Taschenbuch, das beim Spielen auf und zu geht! Mit seinen vielen Tasten und Knöpfen kann es sowohl fröhliche Melodien als auch sanfte Klänge erzeugen.

MUSIKSTILE AUS ALLER WELT

KLASSISCHE MUSIK

Diese Musikrichtung hat viele berühmte Komponisten wie Mozart und Beethoven. Sie ist oft sehr melodisch und entführt uns in eine andere Welt. Die Musik von Beethoven kann so kraftvoll sein, dass sie selbst die stärksten Gefühle in uns weckt!

JAZZ

Jazz ist ein aufregender Musikstil, der viel Freiheit und Kreativität erlaubt. Musiker improvisieren oft und lassen ihrer Fantasie freien Lauf! Mit seinen coolen Rhythmen und dem aufregenden Spiel von Saxofon und Trompete bringt Jazz immer gute Laune!

REGGAE

Dieser Musikstil kommt aus Jamaika und hat einen ganz besonderen Rhythmus. Er handelt oft von Frieden und Freundschaft und bringt die Menschen zum Tanzen! Reggae hat eine entspannte Stimmung, die dich zum Bewegen und Mitsingen einlädt.

ROCK

Rockmusik ist energiegeladen und oft mit kraftvollen Gitarrenriffs verbunden. Bands wie die Beatles und Led Zeppelin haben die Rockmusik geprägt und viele Menschen zum Mitfeiern gebracht!

POP

Popmusik hat oft fröhliche Melodien, die zum Mitsingen einladen. Künstler wie Taylor Swift und Ed Sheeran bringen mit ihren Songs Menschen jeden Alters zum Tanzen!

HIP-HOP

Hip-Hop ist eine kreative Mischung aus Singen und Sprechen. Die Texte handeln oft von persönlichen Geschichten und dem Leben in der Stadt. Hip-Hop bringt den Rhythmus und die Energie, die du zum Tanzen brauchst!

FOLKLORE

Folkloremusik erzählt die Geschichten und Traditionen eines Landes oder einer Kultur. Mit Instrumenten wie der Gitarre, der Geige oder dem Akkordeon bringt sie uns die Klänge der Vergangenheit näher.

DAS ENDE?
NEIN. ERST DER ANFANG DEINER ENTDECKUNGEN!

HERZLICHEN GLÜCKWUNSCH!

Du hast jetzt einen tollen Überblick über viele spannende Themen erhalten! Ob Tiere, Planeten, Musik oder Geschichte – du hast in nur wenigen Minuten pro Tag so viel Neues entdeckt. Aber das ist erst der Anfang! Es gibt noch so viel mehr, was du über die Welt lernen kannst.

Wissen ist wie ein Schatz, den man nie verlieren kann, egal, wie oft man ihn teilt. Also halte deine Augen offen, stelle Fragen und entdecke weiter die faszinierenden Dinge um dich herum. Wer weiß, vielleicht wirst du eines Tages selbst ein Entdecker, ein Erfinder oder ein Künstler!

VIEL SPASS BEIM WEITERFORSCHEN UND SCHLAUERWERDEN!

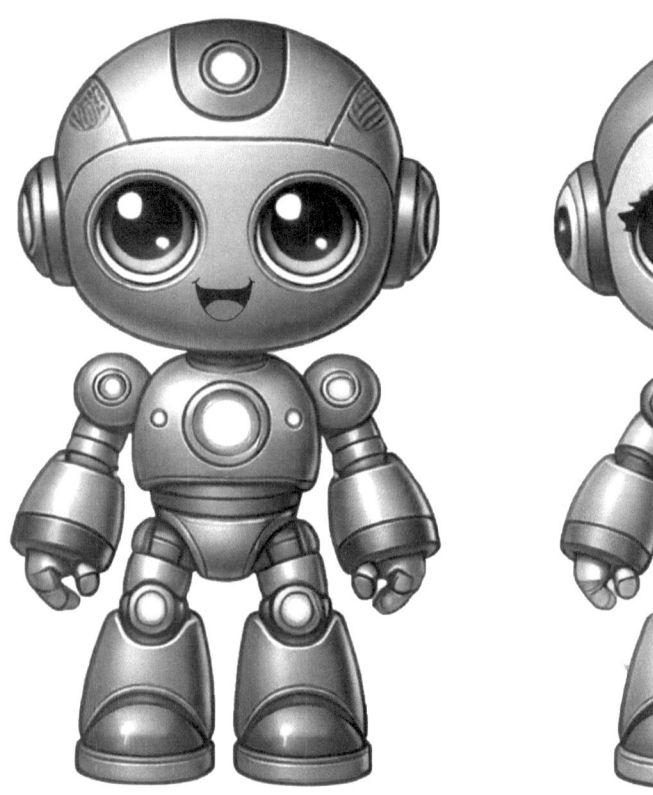

BUCHEMPFEHLUNG

GEWINNE TOLLE KINDERBÜCHER!

Jeden Monat neu!
Melde dich jetzt für unseren

NEWSLETTER

an und entdecke eine Welt voller Abenteuer, Magie und Spaß für deine Kinder! Zusätzlich erhältst du regelmäßig exklusive Updates, Gratis-Materialien und spannende Überraschungen!

Haftungsausschluss

Die Umsetzung aller enthaltenen Informationen, Anleitungen und Strategien dieses Buchs erfolgt auf eigenes Risiko. Für etwaige Schäden jeglicher Art kann der Autor aus keinem Rechtsgrund eine Haftung übernehmen. Für Schäden materieller oder ideeller Art, die durch die Nutzung oder Nichtnutzung der Informationen bzw. durch die Nutzung fehlerhafter und/oder unvollständiger Informationen verursacht wurden, sind Haftungsansprüche gegen den Autor grundsätzlich ausgeschlossen. Ausgeschlossen sind daher auch jegliche Rechts- und Schadensersatzansprüche. Dieses Werk wurde mit größter Sorgfalt nach bestem Wissen und Gewissen erarbeitet und niedergeschrieben. Für die Aktualität, Vollständigkeit und Qualität der Informationen übernimmt der Autor jedoch keinerlei Gewähr. Auch können Druckfehler und Falschinformationen nicht vollständig ausgeschlossen werden. Für fehlerhafte Angaben vom Autor kann keine juristische Verantwortung sowie Haftung in irgendeiner Form übernommen werden.

Urheberrecht

Alle Inhalte dieses Werkes sowie Informationen, Strategien und Tipps sind urheberrechtlich geschützt. Alle Rechte sind vorbehalten. Jeglicher Nachdruck oder jegliche Reproduktion – auch nur auszugsweise – in irgendeiner Form wie Fotokopie oder ähnlichen Verfahren, Einspeicherung, Verarbeitung, Vervielfältigung und Verbreitung mit Hilfe von elektronischen Systemen jeglicher Art (gesamt oder nur auszugsweise) ist ohne ausdrückliche schriftliche Genehmigung des Autors strengstens untersagt. Alle Übersetzungsrechte vorbehalten. Die Inhalte dürfen keinesfalls veröffentlicht werden. Bei Missachtung behält sich der Autor rechtliche Schritte vor.

Dieses Buch wurde in Übereinstimmung mit den GPSR-Richtlinien der EU zur Sicherheit von Produkten erstellt.

Die Verordnung über die allgemeine Produktsicherheit ist der aktualisierte Rahmen der Europäischen Union, um sicherzustellen, dass alle Verbraucherprodukte, einschließlich Bücher, für Verbraucher sicher sind.

Dieses Buch wurde von Libri Plureos GmbH gedruckt. Der Drucker hat Sicherheitszertifikate für die verwendeten Materialien wie Tinte, Papier und Kleber ausgestellt.

Die Produktkennung ist: 9783903505896

Der Autor ist für den Inhalt des Buches verantwortlich und hat das Buch von Bookmundo produzieren lassen.

Sollten Sie Fragen zur Sicherheit des Produkts haben, kontaktieren Sie uns bitte.

Bookmundo
Delftsestraat 33
3013AE Rotterdam
Die Niederlande
info@bookmundo.com